U0921492

PROCURATORIAL STUDY

检察研究

江苏省人民检察院◎组织编写 编委会主任◎刘华

2019年·第2辑

法律出版社
LAW PRESS·CHINA

目录 Contents

前沿探讨

主题研讨

检察实务

公益诉讼

检察机关维护公共利益的非诉讼路径探究

闵正兵*

摘要:检察官是公共利益的代表,检察机关承担惩治和预防犯罪、对诉讼活动进行监督等职责,是保护国家利益和社会公共利益的重要力量。诉讼与非诉讼都是维护公共利益的基本手段。当前关于检察机关非诉讼手段的研究尚不深入,今后可从基本理论、实践等角度入手,积极探索非诉讼路径的方法与可行性。

关键词:社会公共利益　非诉讼　检察机关

检察机关身兼司法办案以及法律监督"双职":当以司法机关身份出现之时,其主要通过审查批准逮捕、审查起诉、提起公益诉讼等传统诉讼手段守护国家利益和社会公共利益;但凡以法律监督者进行定位时,便竭力通过检察建议等非诉讼途径积极主动作为,深度广泛地参与各类公益保护领域。当前,检察工作正处于"调结构"的转型期,刑事检察、民事检察、行政检察、公益诉讼检察等"四大检察"全面协调、充分发展成为检察机关面临的最新课题,探索检察机关维护公共利益的非诉讼路径,亦应当在此框架之下进行构思。

一、检察机关维护公共利益的应然性分析

从历史起源看,检察机关和检察官从其产生之日起就作为公益的代表参与刑事诉讼。在现代法治国家,检察机关更是被称为"公共利益的代表",维护公共利益是检察机

---

* 闵正兵,苏州市人民检察院党组书记、检察长。本文系2018年度最高人民检察院检察理论研究课题"检察机关维护公共利益的非诉讼路径探索"(课题编号:GJ2018D38)的研究成果。

关和检察官的立身之本。检察机关作为社会公共利益的代表，其本身亦是一种公权力的代表。虽然检察权与行政权、审判权处于同一位阶，但是宪法和法律赋予检察机关法律监督的职责，与行政权的“主动性”以及审判权的“中立性”不同，检察机关在身份地位上集中体现为“超然性”，借助“一种公权力”的力量去制约“另一种公权力”，其通过对公共利益增进过程中的监督，来实现从法治层面对公益的保障。

（一）检察监督弥补行政权运行缺陷

行政机关所行使的行政权力是宪法和法律赋予其维护公共利益的公权力，现代政府组织由社会公众选举的代表组成，其目的就是为公众服务，对人民负责。从公共政治学的角度看，政府及其职能部门必须肩负起维持社会秩序、调节社会关系和促进社会进步发展的公共职责。当然，依靠行政机关来维护公共利益的缺点也是显而易见的：一方面，由于公共利益本身的不确定性，政府所提供的公共服务不可能“事无巨细”，无法做到“精准施策”和“量体裁衣”；另一方面，“利益驱使”也使得一些行政主体过分看重局部利益，而忽略甚至直接损害社会整体利益。检察机关以国家和公共利益代表的身份，站在国家、社会公共利益的立场上，能够综合协调各方利益关系，从更大范围、更高层面推动公共利益的维护。检察权主要表现为审查、建议类的程序性权力，不具备行政管理的职能，不直接参与社会资源的分配，因此也不会像行政机关一样陷入既当“运动员”又当“裁判员”的尴尬境地。与行政机关通过行政执法的方式来执行国家意志不同，检察机关通过监督纠偏，来保障国家意志的实现，间接维护公共利益。检察机关提起行政公益诉讼前，依法先向行政机关发出检察建议督促其依法履责，这昭示着检察机关不是为自身利益、案件数量或社会影响，而是为保护公共利益而提起公益诉讼，有助于形成审判机关、检察机关、行政机关保护公共利益的合力。

（二）检察监督促进审判权正确行使

司法机关是公共利益的最终保障主体，在公共利益实现过程中具有独特作用，其主要根据立法规定，按照司法程序平息公共利益纷争。司法机关可以通过审判行为来制止有害公共利益的行为，或者修复已经遭受损害的公共利益。① 但是，通常由法院作为利益的中立者，其职能发挥体现在个案当中，审判权在维护公共利益上具有实体的、终局的裁决权，这种纠纷解决机制固然可以在具体的公益保护领域实现公平与正义，但充其量仅能起到“亡羊补牢”似的事后救济作用。检察机关通过法律监督作用于审判权的方式主要有建议、意见、抗诉、纠正违法等，这些方式较社会舆论等其他外部监督方式更加具体，目标明确且具有更强的可执行性，正是这些独特方式，决定了检察机关的法律监督在维护公共利益上，可以实现常态化、案件化办理。检察机关的这种案件化办理的优越性，决定着能够对审判活动实施全程跟进，使得那些隐匿、被搁置的公共利益问题在诉讼活动

---

① 参见高志宏：《公共利益：界定、实现及控制》，东南大学出版社 2015 年版，第 125 页。

的各个环节中都能得到有效解决。

（三）检察监督在更广空间推动公益保护

党的十八大以来，以习近平同志为核心的党中央统筹推进“五位一体”总体布局，协调推进“四个全面”战略布局。2014 年 10 月，党的十八届四中全会通过的《中共中央关于全面推进依法治国若干重大问题的决定》明确提出，探索建立检察机关提起公益诉讼制度。在该制度出台前，有关社会组织提起公益诉讼保护受侵害的社会公共利益，效果不尽理想。2012 年修改的《民事诉讼法》规定，法律规定的机关和有关组织可以提起公益诉讼，但 2013 年实施至今，每年社会组织提起的公益诉讼数量极少。2018 年修订的《人民检察院组织法》规定，人民检察院是国家法律监督机关，这样就把检察院的所有职能都包括在“法律监督”之内。检察权可以作用于其他公权力的监督属性，决定了检察机关在维护公共利益上，除了具有能够作用于其他权力的监督权力之外，还具有一些直接作用于公民或同时作用于公民和其他公权力的权力。检察机关的监督属性决定着其有权力、有责任在更大范围、更高层面推动公共利益的维护。

二、检察机关维护公共利益的诉讼路径考量

开展诉讼监督的目的和意义，不仅仅是保障个案诉讼程序的顺利进行，更重要的在于实现诉讼法的价值，以及对社会公共利益的保护。通过行使法律监督权推动其有效解决，这是新时代检察权所特有的内容，其所针对的是现实的、直接的、具体的公共利益，而以往检察机关不论是办理批捕公诉案件还是各类诉讼监督案件，大都是通过个案中公平正义的维护和法定利益的守护来体现其维护公共利益的性质，其所针对的公共利益是预期的、间接的和抽象的。

（一）传统刑事检察工作的公益体现不够充分全面

刑事检察是检察机关的一项重要职能，也是维护社会公共利益的最直接体现。检察机关长期将刑事诉讼作为刑事检察工作的重点，以办理批捕案件、起诉案件作为主要任务，而忽视了刑事检察监督、犯罪预防等工作。尽管检察机关一直提倡不能就案办案，要注重办案效果的三个统一，实际工作中也围绕着一些重点案件做了工作，使某一特殊领域的刑事犯罪预防达到了效果。但是，这些与检察机关办理的刑事案件体量、掌握的刑事办案资源相比较，还不能与社会公共利益代表的要求相适应。检察机关作为刑事诉讼流程的中间环节，掌握的信息和资源要多于公安和法院，检察机关具备刑事犯罪预防的特殊优势，这些资源如果不能被充分利用，不能使用法律监督的力量推动其他机关共同预防刑事犯罪，维护社会公共利益也就不够全面。

（二）传统民行检察工作对公平正义的守护欠缺作为

检察机关参与民事行政诉讼活动，借助抗诉、检察建议等外部监督的形式来促使法院纠正自身在诉讼过程中存在的司法不公等问题，以此来实现对国家司法的维护。传统

的民事行政检察,通过对民事、行政诉讼活动的监督,力图实现维护国家法律的统一和正确实施,最终目的是维护国家利益、社会公共利益,实现社会公平正义。但是,受制于民事行政检察队伍能力素质的欠缺,传统民事行政检察工作在引导民事主体守法建设、行政主体依法执法上乏善可陈。实践中通常会出现诸多尴尬境地,如检察机关的检察建议以取得法院"无关痛痒"的回复为目的;再如,当检察机关通过抗诉强制启动审判监督程序后,因掌握审判权的仍然是法院,检察机关在与申诉人之间的平等沟通中缺乏应有的"底气"和"话语权"。

(三)公益诉讼探索实践尚不具备成熟的理论与方法

检察机关不论是在民事公益诉讼中作为公益代表,还是在行政公益诉讼中以公益诉讼人的身份实施行政检察监督,其目的都是最大化地维护社会公共利益,这一点与检察机关和检察官作为"社会公共利益的代表"的论断是吻合的。全国人大常委会第二十八次会议于 2017 年 6 月审议通过了关于修改《民事诉讼法》《行政诉讼法》的决定,正式将检察机关提起公益诉讼写入法律。试点乃至全面开展公益诉讼工作以来,虽然取得了一定进展,但也存在不少问题,诸如检察机关与行政机关在行政公益诉讼中的举证责任分配、公益诉讼人与法律监督者的身份如何界定等理论困惑仍然存在。此外,民事公益诉讼工作中的调查取证、鉴定收费、赔偿修复等方面的现实问题较难解决。实践中,检察机关直接提起公益诉讼的案例很少,"检察公益诉讼"向"公益诉讼检察"的理念转变,更进一步突出"诉前程序"的地位和作用。

三、检察机关维护公共利益的非诉讼路径选择

检察机关维护社会公共利益作为职能定位,是党中央对检察机关工作提出的新要求,也是在新的平台上实现更好发展的进路选择。实践中,笔者所在的苏州检察机关坚持问题导向,经过长时间探索,总结出以下五种非诉讼途径:

(一)公益调查

公益调查是检察机关对涉及国家利益和社会公共利益受损的事件或现象,采取非强制手段进行调查的活动。公益调查多运用于生态环境资源保护、国有土地保护。公益调查是检察人员亲历性司法的重要体现,不同于以往审查案卷方式,检察人员亲历现场,直接收集、调查、审查证据,确保了证据的可信度和针对性,更符合并遵循了司法规律,切实提升了检察监督能力和参与社会治理能力,也是检察机关为主动维护公共利益使命而迈出的极其重要的一步。

(二)检察官走访约谈机制

检察机关参与约谈的效果远超于政府部门的单独约谈,法治力量在社会治理中起到了不可估量的强大作用。约谈对象包括公司、企业负责人、直接责任人,有关主管机关的负责人、主管人员等,主要内容包括被约谈人对相关法律的遵守执行情况、被约谈人本人

及其主管部门的履职尽责情况、应当消除的隐患及违法现象、督促履行相关职能的整改意见,等等。

(三)检察建议

检察建议是检察机关发挥法律监督职能参与社会治理的有效途径。法律分析类检察建议主要针对社会治理问题,给出解决问题法治方案,供党委政府决策参考。督促履职类检察建议是在法律分析的基础上,针对拒不纠正或不履职的单位发出检察建议,努力推进问题解决。诉前指令类检察建议则是在提起行政公益诉讼决定前,再次向行政部门发出检察建议,最后一次进行诉前督促履职。

(四)法律分析意见

法律分析意见是检察机关与行政机关逐步达成共识的一个重要载体。法律分析意见涵盖了公益调查事实、法律责任分析、执法风险隐患排查以及合理化意见建议等四要素。检察人员全面分析问题,针对行政执法风险列明法律依据,从空泛的大预防,做到了精准预防、严格责任、督促履职。借助法律分析意见,与党委政府共同面对问题、分析问题、解决问题,更好地维护公共利益。

(五)代表建议或委员提案

积极探索与人大的合作,逐步形成了人大监督与检察监督的全面协作机制。通过与人大代表、政协委员的紧密合作,检察机关能够将个案办理中发现的机制、体制问题以顶层设计的方式,推动解决问题的根源,起到由点到面的作用,进而获得良好的监督效果和社会效果。具体形式表现为将检察建议和检察调研通过人大代表或政协委员转化为议案或提案,通过推动立法的形式,消除制度障碍和立法冲突,促进法律制度的完善和统一,进而推动法律得到正确、统一的实施。

四、对"非诉讼路径"发展趋势的未来展望

相对公益诉讼耗时较长,且成本较为高昂,非确有必要不应发动,非诉讼方式因其监督范围更广、监督效率更快,监督方式更灵活,更应该重视和研究。

(一)规律把握

1. 法定性

应出台相关法律规定明确授权检察机关在非诉讼公益保护的法律定位。在监督方式上,有必要进行统一规范。凡制发检察建议等非诉讼法律文书,必须严格依据《人民检察院检察建议工作规定》,按照统一、规范的格式和内容制发,并经由检察长审定签发,或者由检委会研究决定。

2. 谦抑性

检察机关行使职权时不干涉行政管辖,既不能以监督的方式改变本应通过公益诉讼等方式维护的权益,也不能对行政机关等造成不当干预,应当尊重审判独立,尊重行政自

由裁量权，力争实现双赢、多赢、共赢。

3. 公益性

除法律规定的“生态环境和资源保护”“食品药品安全”“国有财产保护”“国有土地使用权出让”“英烈权益保护”等五大领域以外，比如针对政策明确要求或其他领域涉及面广、人民群众反映强烈、符合公益诉讼立法精神的问题或领域，亦可按照有关要求进行审慎探索。

（二）价值取向

诉讼监督是就案办案、就事说事，监督纠正已经发生的违法行为，而诉讼外的监督是以案说法，由此及彼，督促防患于未然。①

1. 回归法律监督的本真内涵，法律监督不限于诉讼监督

构建我国检察公益保障制度时，不仅仅着眼于以诉讼维护公益，而应当坚持诉讼和非诉两轮驱动，从而有效保障公民基本权利，限制约束公权力，有力维护国家、社会公共利益。

2. 强化检察权对私人权利、行政权力的尊重，体现检察权的克制

检察机关通过综合运用协助调查取证、提供法律意见、支持起诉等非诉手段，有利于培育出有着较强社会治理能力的组织，有利于市民社会自律自纠和健康发展，从而以较低的资源投入获得较高的治理效益，充分展现检察权对社会自我治理能力的尊重和配合。

3. 非诉手段具有柔性监督特点，避免权力之间的紧张关系

行政、检察两机关在维护公益方面的目标是一致的，都是为了促使行政违法行为得到纠正进而保护公益。只有行政机关存在失范行为损害公益的情况下，检察机关方予介入，通过检察权制约行政权，使行政权在法律的轨道上合法化运行。

4. 非诉手段有利于提高效率、节约诉讼资源

非诉手段监督对象针对被监督事项依法启动调查主动作出决定或重新决定，相对于靠外在的强制力更有效率，而且可以在有关争议尚未造成巨大矛盾或对公民权益、公共利益造成实质损害时，预防性地解决争议。②

（三）道路选择

1. 理念

（1）共赢理念。问题只有在源头上得到根本解决才能实现公共利益的真正安全、行政机关的难题破解和检察机关的权威树立。（2）谦抑理念。施以不同的监督手段，以解决问题为导向，能够采用程度轻的手段推动行政机关整改，就不宜选用程度重的手段。

---

① 参见谢鹏程：《检察规律论》，中国检察出版社 2016 年版，第 103 页。

② 参见解志勇：《行政检察：解决行政争议的第三条道路》，载《中国法学》2015 年第 1 期。

(3)利益衡量价值导向理念。必须合理衡量保护价值与保护成本,立足问题的长效解决,以最低的协调成本寻找到社会各类利益的最优分配方式,确保监督效益的最大化。

2. 路径

(1)个别调查。检察官分别走访相关部门,或通知相关单位及当事人到检察院取证调查。个别调查适合公共利益的损害不再扩大,且受损事实得到有效的控制,证据相对固定,办案时间相对充足的情景。(2)会议调查。指召集会议集中听取多部门情况汇报的调查方式。相关部门一同出席会议,每个部门发言要经受在场其他部门的检验、对质。

3. 措施

(1)口头建议。检察机关口头指出行政机关存在的问题,行政机关立即整改的一种监督措施。口头建议除一般使用在轻微的行政执法瑕疵中,还可能使用在整个事件调查时,与行政机关的数次沟通过程中。(2)检察约谈。针对违法主体存在严重突出、矛盾复杂或历史遗留等问题难以推进,采用书面检察建议或其他监督方式效果不明显的,可以采用检察约谈的方式。(3)书面建议。检察机关将行政机关存在的问题和提出的建议呈现在书面文书当中,由行政机关签收,并依照建议整改的一种监督措施。(4)列席行政工作会议。列席行政工作会议指的是应行政机关的邀请,检察机关列席旁听行政工作会议,从法律适用的角度,参与事项的协调推进。(5)情况反映(或调查报告)。指检察机关发现损害公益的现象和问题,进行深入调查找到问题的根源之后,形成书面材料,将该问题向党委政府呈交,推动问题的解决。(6)法律分析意见书。法律分析意见书与情况反映相似,但侧重从事件的法律责任角度去分析相关部门应当承担的相应职责,从而推动政府协调相关部门合力解决问题。(7)检察议案。检察机关针对某类社会现象反映出的抽象行政行为存在法律法规的冲突或不足,形成议案或建议,建议立法机关完善顶层设计。

想象竞合犯结构矛盾及反思

张　森*

摘要:想象竞合犯的实质是数个犯罪事实之间存在重合与交叉关系,从其构成要素也就是罪过、行为以及危害结果三方面进行分析,会发现其内部结构存在矛盾。想象竞合犯的内部结构矛盾并不是同一犯罪构成之内的各要件之间的冲突关系,也不是静态的各犯罪构成之间的矛盾关系,而是运用数个犯罪构成评价行为时表现出来的矛盾关系。通过对想象竞合犯内部结构矛盾的揭示,可以对犯罪构成等刑法中基础概念的内涵与功能进行重新的定位与展开,也可以对危害行为的内涵进行深入剖析。

关键词:想象竞合犯　结构矛盾　反思

一、想象竞合犯构成要素概览

顾名思义,想象竞合并不是真正意义的竞合,而是想象出来的竞合关系,因此有时被称为观念竞合。想象竞合(Iealkonkurrenz)与实质竞合(Realkonkurrenz)相对,实质竞合则是指数刑罚之间出现了重合性关系,也就是我们通常意义上的数罪并罚。① 刑法理论中的想象竞合犯是特殊犯罪形态,属罪数形态的组成内容。从体系地位来说,罪数形态论部分前接犯罪构成论,后启刑罚适用论。② 也因此,想象竞合犯以犯罪构成理论与犯罪成立理论为基础,同时也以准确适用刑罚为目标指向。以犯罪构成为前提,决定了分析想象竞合犯所能够借助的工具;而以刑罚适用为目标,则决定了分析的方法和路径。

从犯罪构成的基本结构来分析,犯罪构成不仅包括各组成要素,还涉及各要件之间

---

* 张森,南京大学法学院副教授,刑法学博士、政治学博士后,南京大学—约翰斯·霍普金斯大学中美文化研究中心副教授,南京大学刑事法研究中心主任,江苏省法学会刑法学研究会秘书长。本文系教育部基金项目“刑法变革中的罪数形态与数罪并罚研究”(项目编号:6YJA820026)的部分研究成果。

① Hans-Heinrich Jescheck & Thomas Weigend, *Lehrbuch des Strafrechts (AllgemeinerTeil)*, Duncker und Humblot, 2016, s. 787.

② 参见张森:《罪数个体标准的反思》,载《河南师范大学学报》(哲学社会科学版)2008年第3期。

的内在联系与关系,而且后者更为关键。虽然对犯罪成立的具体路径存不同见解,但在基本结构上却有共识。罪数形态以犯罪构成的一般性内容为基础,因在内容上有独特之处,才需要对特殊之处进行深入分析后再确定处断结论。也因此,对想象竞合犯的内在结构进行分析时,并无必要按照犯罪构成的标准结构进行全面分析,只需将想象竞合犯的独特之处加以揭示即可。

对学界中不同的想象竞合犯概念进行归纳分析,也可对其中的构成要素得出大致的结论。简单来说,想象竞合犯就是指一行为或者一个犯罪事实同时符合数个犯罪构成规范的犯罪形态。① 虽然学界对于一般意义上的想象竞合犯的概念并无争议,但进行深度展开后则存在不同见解。作为支配或者内在于一行为或一个犯罪事实的主观心理方面,就有着不同的见解。教义学中一般认为一行为系基于一个罪过,同时触犯数罪名。② 与此观点相对,认为只有一个罪过的一行为,显然只能符合一个犯罪构成,不会出现触犯数罪名的情形,也因此认为应该将想象竞合犯的概念调整为"基于数个罪过,实施一个行为,触犯数罪名"。③ 对上述的概念进行综合归纳,会发现想象竞合犯包括了三个方面的主要构成内容:罪过、行为和罪名。如果从数量的角度进行分析,对一行为和数罪名两部分内容上并无不同见解,而对于罪过数为单一或者复数存不同主张。需要指出的是,根据我国刑法理论上通行的概念,如果一行为触犯数个相同的罪名,也就是罪名单一的情况,则不构成想象竞合犯。晚近一段时间,竞合论开始在我国刑法理论界进行系统引进并占据了相当的主导地位,"竞合论的价值已经为人所知,从罪数论到竞合论的转变也在悄然发生"。④ 在这种背景下,大陆法系的德国与日本对想象竞合犯的理论分析也逐渐被介绍到我国,德国与日本的刑法理论认为一行为触犯相同罪名也属想象竞合犯。⑤ 从这个意义来说,我国刑法中的想象竞合可以归结为罪名之间的竞合关系,而大陆法系中的想象竞合则为犯罪构成符合性之间的竞争关系;我国想象竞合犯的前提是对一行为评价存在罪名上的落差,因而需要选择一个而排斥其他,大陆法系中的想象竞合则强调多个犯罪构成符合结论同时存在,虽然并不需要对罪名进行选择和确定,重在强调复杂的事实样态。

二、想象竞合犯内部结构及矛盾解析

目前学界对于想象竞合犯概念有不同见解也反映出对想象竞合犯内部结构有不同观点,而上述的不同见解也必然会涉及想象竞合犯的本质。如前所述,想象竞合犯应该

---

① 参见刘士心:《竞合犯研究》,中国检察出版社 2005 年版,第 1 页。
② 参见孙国祥:《刑法学》,科学出版社 2002 年版,第 182 页。
③ 参见冯军、肖中华:《刑法总论》,中国人民大学出版社 2016 年版,第 377 页。
④ 参见陈兴良:《从罪数论到竞合论——一个学术史的考察》,载《现代法学》2011 年第 3 期。
⑤ 参见[日]山口厚:《刑法总论》,付立庆译,中国人民大学出版社 2011 年版,第 382 页。

是数个犯罪之间的重合与交叉关系，而且这种重合与交叉关系又不同于法条竞合犯。法条竞合，也被称为法规竞合，是指一个犯罪行为同时触犯两个法条，而两个法条之间存在包容或者交叉关系的罪数形态。① 法条竞合之所以存在，是因为法律规范之间存在内在的包容或者交叉关系，而这种关系是“静态的”，可通过对数个刑法规范之间的内在逻辑关系进行判断后得到最优选项。想象竞合犯中各犯罪之间的重合与交叉关系存在于共同的行为或者犯罪事实之上，而各规范之间的关联性是由于评价对象的特殊样态才显现出来，从这个意义来说，这种重合与交叉关系是“动态的”。质言之，对法条竞合犯进行处断时往往不涉及案件事实，运用思辨逻辑对规范之间的关系进行揭示即可；也因此，法条竞合的本质就可以归纳为从不同的角度对同一案件事实进行评判，所以并无内部结构方面的问题。而想象竞合犯内部的各组成要素进行组合时会出现结构上的分化，也会触及犯罪构成要件的核心内容。

传统教义学强调犯罪构成并不是各组成要素的简单相加，而应该将其理解为各方面要件的有机统一整体。对想象竞合犯进行结构解析时，可以用组合的方法将要素之间进行联系，也就是从关系维度进行展开。首先，可以将罪过与危害结果联系起来进行分析。罪过是规范的主观要素，与行为科学中的行为心理有着显著区别；各具体犯罪对主观方面都有着独特的要求，因此也只有基于数个罪过，才会触犯数个不同的罪名。而想象竞合犯之所以成为复杂的犯罪形态，是因为行为造成了数个危害结果，导致其犯罪事实超越了单一犯罪构成的涵盖范围，无法用单数的犯罪构成予以评价；而与数个危害社会结果相联系的罪过，也必然为复数。其次，也可以从行为与罪过之间的关系进行判定。通常意义上，行为与罪过之间应该具有一一对应的关系，数罪过同时存在于一行为之中则属于例外性的复杂样态，如果数罪过共存于一行为之中，似乎无法仍将其视为一行为，将其概括为数行为更加妥当。如开一枪打死一人伤及另一人，对于杀人来说是基于直接故意，对于伤害来说则属于间接故意，整体上虽然只有一个开枪行为，但其一开枪行为似乎在规范上应该是数个行为，也就是故意杀人行为和故意伤害行为同时“合并存在”于一个开枪行为之中。② 将一个开枪行为分别与不同的危害结果与罪过心理相联系，开枪行为就分别是故意杀人行为和故意伤害行为，具有了一星管二的性质。③ 如此一来，所谓的一行为实际上就是指抛开行为主观目的，外在的、直观的、形式的行为，也仅仅是同一物理性的身体动静而已，因而其“单一性”只能依自然的见解或者社会的见解予以判断。④ 最后，可以将行为与结果连接起来进行诠释。不同的自然身体动静，导致出现不同的结果，按数罪予以处断；而同一身体动静也会导致不同的结果，如前所述，一开枪行为导致了一

① 参见李希慧：《刑法总论》，武汉大学出版社 2008 年版，第 372 页。

② 此处假设对于伤害结果持间接故意，理论上也存在对伤害结果持过失心态的可能。

③ 参见吴振兴：《罪数形态论》，中国检察出版社 1996 年版，第 60 页。

④ 参见蔡军：《想象竞合犯的理论批判与实践重构》，法律出版社 2012 年版，第 86 页。

人死亡，同时也导致了他人受伤。设定不同的标准，自然会得出彼此相悖的结论：将标准设定在行为之上，则只能按照一罪予以处罚；将标准设定在结果之上，则需要进行数罪并罚。而通常意义上的数罪并罚则是数罪数罚的一并处理，是因为犯罪人单一，所以才限定了刑罚亦应当单一，因此，在刑罚执行对象限定为单一以后，罪刑之间的对应关系就具体转化为"一人一罚"。[①] 因此，此时的数个犯罪之间的关系就可以归纳为：除了犯罪主体重合之外，彼此间并无任何关联性。

综上，想象竞合犯内部的结构性矛盾并不是同一犯罪内的各构成要件之间的冲突关系，也不是静态的各犯罪构成之间的矛盾关系，而是运用数个犯罪构成进行评价时因构成要件存在"重合性"关系而导致的。

三、想象竞合犯结构矛盾反思

对想象竞合犯的内部结构进行解析会发现其中存在矛盾之处，而且该矛盾从想象竞合犯这一概念使用之初就一直存在，甚至可以说想象竞合犯就是为了解决"一行为"与数结果之间的矛盾而被造设出来的。

传统教义学将一行为的刑法后果限定为一罚，因而需要将数结果分别与行为相联系，从而用不同的犯罪构成进行评价。罪刑法定主义要求只能将犯罪构成作为评价与解构犯罪事实的工具与标准。刑法上的"解构工具"就只限于立法机关所制作的那些犯罪构成，法官自己没有制造权，所以只能在"现成的"工具中去找最佳的选项，但并不一定能找到可以完全"评价"的工具。所以，正是因为往往找不到能够完全评价的解构工具，而只能退而求其次用"最大"覆盖的构成要件满足性去作为评价的结论。[②]当然，仍然有待进一步确定何为最大评价。从犯罪构成的形式逻辑关系来看，应当采用特殊法优于普通法的原则。因为特殊法的外延更广泛，所以其涵盖的范围更大，因而采用这一方法更加符合最大评价原则，此时所说的"最大"是指外延评价覆盖范围的最大。但犯罪构成之间的特殊与普通关系无法确认时，则需依照"最小剩余原则"来处断。所谓最小剩余原则，实际上就是指经过特定犯罪构成评价之后仍然没有得到评价的剩余要素应为最小，从具体适用的方法来说就是采"从一重处断"的原则。因为从逻辑关系上来看，从一重处断之后，则剩余的事实自然就最小。

上述方法实际上是以忽略想象竞合犯的内部结构矛盾为前提，预先就明确了想象竞合犯只有"一行为"，因而只有一个刑罚后果，所以问题的关键就集中到了"一行为"的认定之上。传统教义学的一行为判断深受域外刑法理论以及刑法规范的影响，是先于犯罪

---

① 参见张淼、翟一平：《数罪并罚原则及方法辨析》，载《河南师范大学学报》(哲学社会科学版)2009 年第 3 期。

② 参见郑逸哲：《法学三段论法下的刑法与刑法基本句型(一)：刑法初探》，中国政法大学出版社 2005 年版，第 654 页。

构成符合性判断的前提条件,所以往往采用自然意义上的行为标准,被抽象成为无任何内在心理的纯粹的身体动静,但又无法用自然科学的标准予以精确计量评价,只能借助社会观念予以展开。而在借助社会标准进行分析时,又会不自觉地受到刑法规范设定的个别化行为标准之影响。

综上,"一行为"的标准与外延就成为理解全部问题的关键所在。如前所述,如果将行为理解为身体动静的话,则等同于没有任何标准,所以只能借助规范学的行为标准进行认定与处理。在具体认定的时候,必然同时将危害结果与主观心理也包括其中。那种将彼此间的关联性予以割裂再进行分析的做法被作为传统四要件理论的主要弊端而备受批评,但实际上在阶层理论中一直都被使用。实际上,纯粹的身体动静在注入了内在因素并与外在危害结果相连时,其"内涵"才会真正得到揭示。这种做法与语言学中的"翻译"相同,如果将开枪行为翻译为"故意杀人"则是故意杀人行为,如果将开枪行为翻译为"故意伤害"就是故意伤害行为,如果将开枪行为翻译为"危害公共安全"则该行为应构成"以危险方法危害公共安全罪"的实行行为。将单一的外在身体动静解释为不同的"构成行为",并不是身体动静自身上存在多大的差异,而是将纯粹物理上的身体动静分别同不同结果联系起来,并在其中注入了主观要素而得出的结论。从这个角度来说,犯罪构成之间的所谓重合与交叉关系并不是行为之间的重合与交叉关系,更主要的是主观方面与危害结果之间的关系。如前所述,主观方面的核心内容是危害结果,所以数个结果之间的关系实际上从根本上决定着"犯罪构成事实"之间的内在联系。

结 论

想象竞合犯的内部结构存在矛盾之处,表面上看,这种矛盾是数个犯罪构成对行为事实进行评价时出现的冲突,但进行深入挖掘之后会发现这种矛盾实际上仍属"犯罪构成"内涵建构层面的问题,是因为在构建犯罪构成外延时借助了单一外在的客观化"行为"而出现不同"理解"所引发。整体上应该将想象竞合犯的内在矛盾归结为刑法适用精细化的产物,也就是自然观念与规范观念冲突的结果。因此,对想象竞合犯的认识与处断,也会随刑法中的行为理论以及适用方法的演进而出现变化。

检察官惩戒制度体系构建:责任、惩戒与豁免

江苏省徐州经济技术开发区人民检察院课题组*

摘要:作为监督检察官职务行为的负强化手段,检察官惩戒制度的体系构建以确定检察官的司法责任为前提,在监察体制改革背景下,由监察委员会、惩戒委员会和人民检察院分工负责,从启动、审理到决定和救济都应当遵循严格的司法化程序,此外还须设定对检察官惩戒的边界——司法豁免制度,以保障独立司法,免除检察官因正常的司法活动和职务行为而遭受惩戒的后顾之忧。

关键词:检察官惩戒体系　司法化程序　司法责任　司法豁免

2019年4月23日修订的《检察官法》概括规定了检察官惩戒的内容,催生了作为检察官职务行为外部约束手段的检察官惩戒体系构建的必要性和紧迫性。检察官惩戒制度,应涵盖责任、惩戒、豁免三部分内容,其以确定检察官的司法责任为前提,以对检察官适用惩戒程序为主体,从启动、审理到决定和救济均须严格遵循正当程序,从而实现惩戒结果的客观公正,并以司法豁免划定对检察官施加惩戒的边界。

一、责任:惩戒的前提和事由

"责任"是司法责任制的核心问题。司法责任制以检察官保障和检察官惩戒作为其正强化和负强化的配套运行机制,检察官惩戒则以"责任"作为适用检察官惩戒程序的前提和事由,即有"责"方有"惩"。要解决检察官惩戒程序的启动条件和适用事由问题,首先要探究司法责任制中"责任"的内涵和外延:

---

* 课题负责人:徐州经济技术开发区人民检察院党组书记、检察长沈淬;西北政法大学法律科学信息研究所所长付玉明。课题组成员:徐州市人民检察院第四检察部副主任刘宇;徐州经济技术开发区人民检察院检察综合业务部检察员张晨。本文系最高人民检察院检察理论研究课题"检察官惩戒制度研究"(课题编号:GJ2018D15)的部分研究成果。

司法责任制中的"责任"既指向法律责任,又涵摄纪律责任;虽有所重叠,但又不等同于错案责任;既包含检察官的司法办案责任,又不排除检察长、部门负责人的监督管理责任。[①] 总体来说,它是一种司法责任,其外延应当包括:

1. 故意违反检察职责责任——故意违反法律法规引发的责任,以及违背检察职业道德但尚未触犯法律而产生的责任;

2. 重大过失责任——以造成错案等严重后果为条件,排除检察官具有一般过失的情形;

3. 监督管理责任——以检察人员负有监督管理职责,并因故意或重大过失导致司法办案工作出现严重错误为构成要素。

第一种,故意违反检察职责责任,以"故意违反"为其核心要素,从"故意违反"的内容上分为违反法律法规和违背检察职业道德(尚未触犯法律)两种情形,前者有法有规可查,[②]后者多散见于一些禁令、纪律、规定中,建议进一步完善司法人员职业道德规范,为审判、检察等司法人员提供必须遵守的职业行为准则和职业道德模式。如美国就制定了《司法行为准则》,我国台湾地区则有《检察官伦理规范》供检察官遵循行事。第二种,重大过失责任,检察人员的主观过错只限于重大过失,即比较严重的过失,排除检察人员在工作中具有一般过失或是对某个复杂问题的判断发生偏差的情形,也就是下文所述可以适用司法豁免的情形。过失责任与过失犯罪相类似,要以造成错案等严重后果为追责要素。第三种,监督管理责任,承担该责任的主体是负有监督管理职责的检察人员(检察长、分管检察长、部门负责人)。有学者认为该责任不应作为与前两种责任并列的第三种责任,本质上属于前两者。笔者认为,前两种责任主要指检察人员因违反检察职责或办理错案而直接承担的责任;第三种情形下,检察人员并未直接违反检察职责或办理错案,是因为自己监督管理过程中的不当或失职而引发的责任。主要有两种情形:一种是行政性监督管理失职,如检察人员有贪污贿赂或徇私枉法行为,其部门负责人或分管领导相应要承担一定的监督管理责任;另一种是司法办案监督责任,在发生错案的情况下,对案件进行监督把关的检察长(副检察长)、部门负责人要与办案检察官共同承担责任,当然最终是否追责和惩戒还要视其主观过错。

司法实践中,当检察人员发生上述三种构成司法责任的情形时,也就意味着触发了检察官惩戒程序的机关按钮。

二、惩戒:四维一体的司法化程序

根据美国心理学家和行为科学家斯金纳的强化理论,人的行为是能够被强化、修正

① 参见陈希国:《司法责任制中的"责任"应如何理解》,载《人民法院报》2017 年 3 月 31 日。

② 2019 年 4 月 23 日修订的《检察官法》第 47 条,即列举了故意违反检察职责的八种情形(第 1 款至第 9 款,除第 5 款)。

和改变的,强化方式又可分为正强化和负强化。[①] 检察官惩戒制度就是以负强化的形式引导、修正、规范检察官的职务行为。作为一种施加于权力主体(检察官)的负强化或否定性评价手段,如果适用不当就很可能产生与预期相悖的后果。因此,检察官惩戒的制度设计和程序设置都应当力求科学严谨,客观公正。笔者建议,从司法调查、审理评定、惩戒决定和司法救济四个维度对检察官惩戒程序的设计予以制度周延。

(一)惩戒的主体

在检察官惩戒体系中,适用司法调查权、审理评定权和惩戒决定权三权分离的原则,分别由监察委员会、惩戒委员会和人民检察院负责行使。

惩戒委员会的设置,应当保持必要的独立性和开放性。无论是美国的司法理事会、法国的最高司法委员会,韩国法务部内设的检事惩戒委员会,还是德国联邦最高法院下设的职务法庭,保持检察官惩戒案件办理主体的独立性是域外检察官惩戒制度的核心理念之一。只有惩戒机构保持较强的独立性,才能确保其作出的意见和决定免受政治因素和舆论压力左右。将惩戒委员会下设于省级检察机关的做法,只会使检察官的惩戒局限于检察机关的自我决定和处理范畴。惩戒是施加于检察官的消极后果,不仅是对检察官个人的否定评价,也使其所属的检察机关呈现负面形象,所以我们不能期待检察机关自我裁决的公正性。成立组织上相对独立、业务上高度专业的专司检察官惩戒案件办理的惩戒委员会方是当行之路。

惩戒委员会在组成上应具备一定的开放性。如美国加州的司法惩戒机构通常是一个特别的官方机构,吸收了若干法院、检察院外的人员,如律师协会的成员、非律师的公民等;我国台湾地区的检察官评鉴委员会则由检察官 3 人、法官 1 人、律师 3 人、学者及社会公正人士 4 人组成。在我国,检察官惩戒不应当是检察官内部的法律自治,除一定比例的检察官外,惩戒委员会还应允许法律职业共同体中其他群体(法官、律师、法学专家)的加入,他们的专业性能够促使惩戒委员会的决策更加周延。同时,我们也应当将司法民主的内涵即公众的参与引入检察官惩戒中,就是在惩戒委员会的组成中吸纳非法律职业公民的加入,一方面可以防止惩戒委员会中的司法人员为庇护同行业的检察官而作出不符合职业规范的决定,避免了“自我监督”的指摘;另一方面对是否应予惩戒提供不同的视角和普通公民的意见,使得惩戒委员会最终作出的评定意见更具司法信服力和社会公信力。

---

① 斯金纳认为,对一种行为的正强化或负强化的后果,至少在一定程度上会决定这种行为在今后是否会重复发生。也就是说,人为了达到某种目的,会采取一定的行为作用于环境,当这种行为的后果对他有利时,这种行为就会在以后重复出现;不利时,这种行为就会减弱或消失。人们可以用这种正强化或负强化的办法来影响行为的后果,从而修正其行为,这就是强化理论,也叫作行为修正理论。

(二)惩戒的程序

1. 惩戒的启动

在监察体制改革的背景下，检察官惩戒程序的启动权宜交由监察委员会行使，而这项启动权的基础性权能是监察委员会对检察官职务行为的监察权以及衍生的司法调查权。监察委员会有权对检察官涉嫌违反检察职责行为进行司法调查，经过调查核实发现检察官存在构成司法责任的三种情形时，应向惩戒委员会提请审议检察官的惩戒事项，由此正式启动检察官惩戒程序。

检察官违法违纪行为，往往是一个从量变到质变的过程，如果在其违反检察职责出现端倪时，但尚未达到一定严重程度之前，及时给予提醒告诫，可以避免更严重惩戒事由的出现。如美国就设立了针对司法官犯罪行为的非常严格的司法官弹劾程序，以及针对其他不当职务行为的较为灵活、弹性的司法惩戒程序，对于最轻微的不当职务行为，使用“should or should not”的字眼，意味着仅是一种劝诫，并不要求给予行为人制裁；[①]我国台湾地区特别为检察官设定了行政监督权人，监督权人对被监督的检察官有权就职务上的事项进行提醒、督促和警告，如果警告后一年内再犯，或经警告累计三次，则视为情节重大，应付个案评鉴。[②] 那么，我国在正式启动检察官惩戒程序前，也应针对检察官的轻微不当职务行为设置一个缓冲区，在此区域内可以暂时不启动惩戒程序，由充当“行政监督权人”的驻检察院纪检组长给予非正式的提醒和告诫，对于被劝诫检察官再次做出不当职务行为的、不承认行为不当或失职的、行为性质超出了轻微范畴的，监察委员会应启动正式的惩戒程序。即纪检组长有权以非正式的惩戒手段对做出轻微不当职务行为的检察官进行预防式管理，管理失效则会触发正式的惩戒程序启动。

2. 惩戒的审理

因事关检察官名誉、权利之褫夺，为了保证对检察官施加惩戒的慎重和公正，待惩戒程序启动后，建议通过设立职务法庭以诉讼审理结构来裁决检察官的惩戒问题。职务法庭由惩戒委员会设立，由惩戒委员会委员长或副委员长任审判长，与其他 2—4 名委员组成合议庭对检察官惩戒案件进行审理。

庭审中，监察委员会要扮演“公诉人”的角色，对当事检察官需要被追责和被惩戒承担举证责任。如若追究检察官故意违反检察职责责任，就要举证证明其实施了何种行为，违反了哪些法律法规或检察职业道德，是否系故意为之；如若追究检察官重大过失责任，就要向法庭出示错案的认定依据，错案发生的原因、案件的事实认定和法律适用、承办检察官的职责行为和主观过错等证据；如若追究检察官的监督管理责任，就要举证证明该检察官的身份和职责，其在监督管理中的主观过错，以及监督管理失职与司法办案

---

① 参见严仁群：《美国法官惩戒制度论要——兼析中美惩戒理念之差异》，载《法学评论》2004 年第 6 期。

② 参见温辉：《台湾地区检察官惩戒制度及其借鉴》，载《行政法学研究》2016 年第 2 期。

工作出现严重错误之间的因果关系等。当事检察官有权进行陈述、举证和辩解,可以聘请律师或同事检察官作为辩护人为自己辩护,还可以申请其他检察人员、相关侦查人员、鉴定人出庭作证。职务法庭要充分保障当事检察官的陈述权、辩护权等各项实体和诉讼权利。

惩戒委员会在开庭审理的基础上,集中审议检察官的惩戒事项,判断决定是否采信双方出示的证据,认定当事检察官是否实施了违反检察职责的行为,是否具有故意或重大过失,是否要对错案承担司法责任等。在议决环节,实行合议制中的少数服从多数原则。合议庭分歧较大的,案情较复杂的,当事检察官有可能被免职的,可以提交惩戒委员会全体审议决定。惩戒案件的审理要坚持以职务法庭为中心原则,力求做到证据出示在职务法庭,案件事实查明在职务法庭,控辩意见发表在职务法庭,裁决理由形成在职务法庭。

笔者建议,在庭审的基础上额外增加一个审查程序:庭审结束后,惩戒委员会可以将错案的相关材料随机寄给若干个来自不同检察院的检察官,由其在完全隔离和中立的情况下进行判断:如果是自己办理该案会作出怎样的司法决定,以此作为参考依据审查当事检察官在办理案件过程中是否存在故意或重大过失。这些被选中的检察官可以看作"庭外陪审团"对合议庭审查案件提供参考意见。

3. 惩戒的决定

惩戒委员会最终形成故意违反检察职责、对错案承担责任、承担监督管理责任或无责的评定意见,并向当事检察官所属检察机关或上级检察机关提出不予惩戒、给予惩戒处分或追究刑事责任的建议。由后者按照惩戒建议作出惩戒决定:或给予当事检察官惩戒处分,或提请人大免除检察官职务,或移交监察委员会处理。

可见,检察官惩戒委员会只能出具对检察官责任认定的意见和是否惩戒的建议,并不具有直接作出惩戒决定的权力,其定位相当于中立的专业评定机构。不过,惩戒委员会的审理评定权并非只是一种单纯的参考建议权,其作出的责任认定意见和惩戒建议对于最终采取惩戒措施的检察机关是具有法律效力的,检察机关要依据惩戒委员会作出的评定意见和惩戒建议决定对当事检察官是否采取惩戒措施、采取何种惩戒措施,并将实施惩戒的情况向监察委员会和惩戒委员会汇报备案。

4. 惩戒的救济

域外检察官惩戒制度特别注重被惩戒检察官的救济权。德国各邦职务法庭作出惩戒裁定后,如果被调查检察官不服,可以向联邦检察官上诉;在法国,若被调查检察官不服司法部长作出的违纪惩戒决定,可向行政法院提起行政诉讼;在日本,受处分的检察官不服人事院惩处的,在法定期限内可以请求重新审查。因惩戒事关检察官身份独立之保障,事关检察官职业生涯之发展,务必要从制度设计上充分保障受惩戒检察官的救济权,确保其进行权利救济的渠道畅通有效,确保其不会因错误的惩戒裁决而使权利遭受侵害。

建议采用“双轨制”保障被惩戒检察官的救济权:一是针对惩戒委员会的异议和申请再审权。对于惩戒委员会的评定意见不认同的,可以向惩戒委员会提出异议,惩戒委员会应当对异议及理由进行审查,决定是否重新作出评定意见;也可以向作出评定意见的惩戒委员会或上一级惩戒委员会申请再审,条件符合的,惩戒委员会要重新组织职务法庭对惩戒事项再次审理。二是针对检察机关的复议和申诉权。对于检察机关作出的惩戒决定不服的,可以向该检察机关申请复议,并有权向上一级检察机关进行申诉。检察机关应当及时受理复议和申诉,在法定期限内作出决定并告知当事检察官。

(三)惩戒的措施

修订前的《检察官法》规定了六种惩戒措施:警告、记过、记大过、降级、撤职、开除,实际上采用了行政机关公务员的处分模式,修订后的《检察官法》未予规定。笔者认为,司法体制改革使检察官、法官实行单独职务序列管理,那么对检察官、法官适用的惩戒措施也应当体现司法职业的特殊性,有必要针对检察官、法官的职业特点专门设计惩戒措施,凸显更多的司法属性。

建议设定以下惩戒措施:警告、记过、记大过、降检察官等级、暂停检察官资格、免除检察官资格转任其他身份、免除检察官资格及公务员身份。降检察官等级,指将当事人的检察官等级下降一级或多级,待遇也要相应下调;暂停检察官资格,是指一定期限内暂时性免除当事人的检察官资格,期限届满后,可以恢复其检察官资格,暂停期限可以是 6 个月到 2 年;免除检察官资格转任其他身份,指不再担任员额检察官,但可以任检察辅助人员或司法行政人员,受到该惩戒的不得回任员额检察官,否则与“暂停检察官资格”无异;免除检察官资格及公务员身份,该惩戒措施的效果等同于“开除”,对于构成犯罪要追究刑事责任的,应同时适用该惩戒措施。上述惩戒措施的设定,惩戒尺度由轻及重逐渐递增,既借鉴了行政机关公务员的处分措施,又依据检察人员的司法职业特点和司法管理模式设置了针对性的惩戒类型。

三、豁免:设定检察官惩戒的边界

斯金纳的强化理论认为,正强化要比负强化对行为修正具有更有效的作用。因此,检察官惩戒制度必须具有谦抑性,尽可能在惩戒与保障间寻求平衡。如果说司法责任和检察官惩戒犹如一柄“达摩克利斯之剑”悬挂于检察官头上,那么司法豁免就赐予了检察官一把可以自我防护的“尚方宝剑”,免于因独立司法和依法办案而被追责的后顾之忧。

(一)建立司法豁免的必要性

司法办案的复杂性决定了司法豁免的必要性。司法办案并非“1 + 1 = 2”的数学运算,而是一项极其复杂的实践性行为,是对已经发生的事实进行再认识的活动,检察官不可能像机器猫一样坐着时光机回到过去的案发现场目睹真相,只能通过已有的案件证据对客观事实逐步地还原与再现,偏差和错误难免会出现,这是人类认识的局限性和案件的复杂性使然。在司法活动中,检察官是一个有生命、有意识的能动主体,其适用法律的过程就是这个能动主体对法律的理解和说明的过程,而这个过程受到诸多因素的影响,新闻媒体的报道、领导的介入、公众的态度以及认识的差异都会影响案件的办理结果。对于一则数学运算,结果错了即可以认定运算出现错误,而对于司法活动,不能简单地以办案结果有误即认定司法人员贪赃枉法、徇私舞弊,更不能直接作为追究司法人员错案责任的依据。

司法公正的价值目标决定了司法豁免的必要性。如果案件背后的责任过于严厉和苛刻,基于趋利避害的本能,会让检察官们不自觉地将办案重心放到如何使自身避免承担责任,而不是如何处理案件更为正确恰当,最后受损的不仅是当事人,更是公平正义的价值追求。司法豁免的法理依据,就是使检察官"独立地并且对后果无所畏惧地自由行使他们的职权",能让检察官在作出决定时更加果断、更有担当,不会遇到争议案件就下意识地不批捕、不起诉或者一味请示、汇报,而是能捕的坚决捕、能诉的坚决诉,有力担起法定职责,有效防止放纵犯罪。毕竟"错放人"和"错抓人"一样,都会损害司法公正。

(二)适用司法豁免的情形

当发生错案时,检察官唯有在主观状态为非"故意或者重大过失"的情况下才可以主张豁免,否则应接受相应的惩戒。实际上排除了检察官在司法办案中一般程度的过失和法律认识上的差异。如果承办检察官完全遵循法定程序,认真审查案件,妥当运用证据规则认定法律事实,依照自己的理解适用法律而得出处理结论,即使该结论与事后查明的客观事实不一致,即使法院判决与起诉指控的不一致,即使案件最终被判无罪,也不应当追究检察官的司法责任,不应当对其适用惩戒程序。检察官在办理案件的过程中或许会遭遇来自上级、行政或外界的不当干预,若屈从于不当干预作出司法决定最终引发错案的,是否可以主张司法豁免?个人认为,如果明知干预的决定是错误的且会导致错案的发生而仍然遵照执行,那么符合"明知而放任危害结果的发生",属于故意的范畴,不能予以豁免。因此,不当干预不能成为司法豁免的理由,以此促使检察官坚决抵御不当干预,坚持独立司法,严守法律底线。

(三)以豁免为原则,以惩戒为例外

司法豁免,实际上是划定对检察官追责的边界和惩戒的禁区。从域外实践来看,世界各国在对司法官适用惩戒程序时,基本上遵循了"以豁免为原则,以惩戒为例外"的司法规律。[①] 在强调司法独立的同时,也给予了司法官们独立司法必要的职务保障——"法律必须保证法官不能因作出不利于行政当局或者令其不满的判决而被撤销职务"。[②] 美

---

① 参见贺小荣:《如何牵住司法责任制这个牛鼻子》,载《人民法院报》2015 年 9 月 23 日,第 5 版。

② 参见陈永生:《两大法系法官制度之比较》,载《政法论坛》1998 年第 5 期。

国《司法行为与资格丧失法案》中就规定：如果投诉是直接关于判决或程序裁决的实质性问题，则应予以驳回，实际上为司法官惩戒设置了禁区。[①] 因事关检察官身份独立之保障，为防止检察官陷入"一有错案即被追责"的忧虑之中，为明哲保身而失去独立决定案件的动力，我们在运行检察官惩戒制度时，也应当秉持"以豁免为原则，以惩戒为例外"的司法理念，一方面严格适用惩戒程序，另一方面慎重作出惩戒决定。

① 参见严仁群：《美国法官惩戒制度论要——兼析中美惩戒理念之差异》，载《法学评论》2004 年第 6 期。

主题研讨

"套路贷"刑事案件若干疑难问题研究

尤之毅　高　爽*

摘要: 准确认定"套路贷"犯罪的实质,是打击刑事犯罪的必然要求,那种为打击而打击的认定思路固然不值得提倡,但因此而放纵犯罪亦不可取。对"套路贷"犯罪中相关问题的研究,仍应坚持罪刑法定原则。认定"套路贷"犯罪,应从"套路贷"常见的行为特征、手段入手,通过比较、分析从而准确认定其实质。

关键词: "套路贷"　特征　罪名　罪数

近年来,一系列以"借贷"名义侵夺被害人财产的案件频发,此类案件中,贷款人在放贷之初即明知借款人无法归还欠款甚至也不打算让借款人还钱,只不过是以贷款设置多重"套路",借以侵夺借款人的其他合法财物,即所谓步步设陷、环环设套的"套路贷"。最高人民检察院将"套路贷"犯罪界定为严重侵害人民群众财产安全和其他合法权益、严重扰乱金融市场秩序、严重妨害司法公正、严重影响人民群众安全感和社会和谐稳定、社会危害性大,人民群众反映强烈的一类犯罪。① 对"套路贷"以及伴随发生的故意伤害、非法拘禁、侮辱等破坏社会稳定的犯罪行为,确有利用刑事法律规制的必要,但在规制过程中,仍需依据罪刑法定等原则对其中的关键问题进一步厘清。

一、"套路贷"常见类型、行为方式与特征

"套路贷"是一种概括、通俗的称呼,其中的"贷"与民间借贷在表象上有类似之处,而

---

* 尤之毅,江苏省常州市人民检察院第一检察部检察员;高爽,江苏省常州市人民检察院第三检察部检察官助理。

① 参见最高人民检察院《关于充分发挥检察职能为打好"三大攻坚战"提供司法保障的意见》。

"套路"的本质特征就是以合法外观展现而暗含非法行为,如通过公证、诉讼等手段实现其非法占有相关利益等。

(一)"套路贷"的常见类型

近年来发生的"套路贷"刑事案件,以"车贷""房贷""校园裸贷"较为常见、多发。

1."车贷"类"套路贷"

这类案件中被害人所有的车辆是套路的标的物。行为人开始会以低息、无抵押贷款等为幌子,诱骗被害人签订虚假的借贷合同,然后就以安装定位系统保障贷款安全为由,将被害人车辆开走,之后再人为地制造各种使被害人陷入违约的事由,对被害人进行勒索或擅自处分车辆。

2."房贷"类"套路贷"

这类案件中被害人所有的房产是套路的标的。行为人会对被害人实施各种"套路",将被害人推进诉讼不利的境地,后采取申请强制执行或过户等手段非法侵占被害人房产。

3."校园裸贷"类"套路贷"

这类案件中行为人的手段更为卑劣,一般以在校学生为对象,以低息甚至是无息,诱骗在校学生签订虚高借款合同,并要求提供裸照或视频作为借款保证,在归还不能的情况下,以公开裸照、视频威逼这些被害人筹钱还"贷"。

(二)"套路贷"行为时期的划分

"套路贷"大致上可以划分为三个作案时期,根据对象、当地社情等不同因素,各个时期的行为方式也不尽相同。

前期,"套路贷"一般会物色急需借钱的"客户",利用借款人急需借钱的心理,哄骗借款人在"翻倍欠条""扣息欠条"等虚高借款金额的欠条、合同等文件上签字,致使借款人钱还没借到,欠条已经产生,如果借款人不予配合,有的"套路贷"公司也会采用暴力手段来逼迫被害人签字。这个时期,"套路贷"公司还会通过各种途径了解并掌握借款人的房产、汽车等资产状况,为后续侵夺借款人的其他财物做进一步准备。

中期,有的"套路贷"公司会利用前期所获得的欠条、银行流水、公证书、房产证等"证据",向法院起诉借款人或凭执行公证书申请强制执行法院判决或执行,对于有备而来甚至聘请专业律师的"套路贷"公司,法院的判决往往会有利于"套路贷"公司。也有的"套路贷"公司会采用非法拘禁、跟踪等手段限制借款人的人身自由,向其或其家人索要所谓的"债务"。

后期,"套路贷"公司或者持法院判决堂而皇之地侵占借款人房屋,或者采取过户、买卖等手段直接处分借款人其他财物,这一时期也是引起借款人自杀、辍学、卖房抵债等一系列社会问题的高发阶段。

（三）“套路贷”犯罪的行为特征

“套路贷”犯罪的作案手段隐蔽、手法多样、涉案金额巨大，有的跨区域作案，涉及环节多、涉案人员成分复杂，作案持续时间长，部分带有黑恶团伙性质，一般有以下行为特征：

1. 虚构证据链

实践中，“套路贷”组织都以小额贷款公司名义招揽生意，借贷都是以民间借贷面目出现，在欠条、借款合同中肆意设立“违约金”“保证金”“行业规则”等名目，将借款数额虚增几倍甚至数十倍，并口头承诺被害人“仅是一种手续，只要按合同约定履行，就不需要偿还虚增部分款项”，在与被害人签订虚高借款合同后，即到银行通过转账将虚高后的借款金额转入被害人的银行账户，造成“银行转账记录与借款合同一致”的证据，[①]当被害人到银行柜面提现后，取走被害人的取款凭证留存，并当场要求被害人返还虚增部分的现金。

2. 层层平账放大债务

“套路贷”公司在开始时一般与借款人先签订一个金额较小，或略高于借款人所借款项的欠条或借款合同，随后为了达到骗取更多财物的目的，采取关、停联系电话，更换公司地点等手段，阻挠借款人按期还款，迫使借款人不得不“违约”，从而导致借款人欠下高额违约金，使得借款人预计准备偿还的数额根本不足以归还违约后的欠款，此时，“放贷”公司借机“推荐”另一家“套路贷”公司——“平账公司”给借款人，让其向“平账”公司借钱还账——“借新还旧”，当借款人签下远高于原借款数额的合同后，故技重演，再次阻挠还款、再次层层平账，借款金额层层加码，导致借款人欠款数额最终翻为十几倍甚至达数百倍。

3. “索债”手法软硬兼施

“套路贷”公司前期会以各种名目扣留借款人的身份证、房产证甚至签订的借条、借款合同，部分女性被害人还拍裸照交给“套路贷”公司。到了“索债”的时候，有的“套路贷”公司以非法拘禁、故意伤害、言语威胁、窃听窃照、跟踪尾随等软硬暴力手段催讨，对借款人及其近亲属正常生活产生严重影响；有的“套路贷”公司则以手中掌握的签字借条、转账记录、公证书等材料向法院提起民事诉讼，有的借款人因前期不堪骚扰搬离住处、更换联络方式，导致法院无法联系被害人前来应诉，此时，因“套路贷”公司提交完整证据链证据，判决往往不利于被害人。

4. 团伙作案、分工明确

“套路贷”多为团伙犯罪，组织性明显，人员分工细致，互相协作，配合度极高。在“套路贷”公司上层组织者的统一指使下，从物色借款人开始，签订合同、利息收取、债务催讨

---

① 参见最高人民法院、最高人民检察院、公安部、司法部《关于办理“套路贷”刑事案件若干问题的意见》。

过程中各个时期都对成员进行了明确的分工，有的还专门聘有所谓法律顾问，直接或间接参与策划套路，帮助制造对己方有利的证据，并在有需要的时候承担诉讼职责，借款人往往被套而不自知。

（四）“套路贷”犯罪与民间借贷的区别

“套路贷”犯罪与平等主体之间基本真实意思表示而形成的民事借贷关系存在本质区别，有以下三个方面的不同：

一是行为目的不同。“套路贷”中的借款不过是行为人侵吞被害人财产的借口，行为人是以借款为名行非法占有被害人财物之实，目的是侵占他人的财产。民间借贷是双方当事人约定利率和必须归还等条件出借货币资金的一种信用活动形式，既能够满足贷款方短期的资金需要，促进经济的发展，也能够使放贷方的自有资金①取得中间收入而盈利。

二是侵害客体不同。“套路贷”侵害多种客体、社会危害性大，从诱骗、胁迫被害人签订“借款协议”到暴力讨债、虚假诉讼，不仅侵害被害人财产权、人身权，还危害公共秩序，破坏金融管理秩序，甚至挑战司法权威，严重妨害司法公正。而民间借贷是民间资本的一种投资渠道，是一种民间金融的形式。

三是法律后果不同。“套路贷”本质上属于违法犯罪行为，借款本金和利息不受法律保护，②而民间借贷在法律允许的范围内是受保护的。③

二、“套路贷”犯罪的认定

“套路贷”犯罪并非一个新型犯罪，而是涉及多罪名的复合体，虽然对其进行刑事规制有其必要性，但仍需在刑事规制与支持创新经济发展之间努力实现平衡，正如德国著名学者耶林指出：“刑罚如两刃之剑，用之不得其当，则国家与个人两受其害。”

（一）“套路贷”犯罪罪名认定的路径选择

虽然“套路贷”犯罪的类型、行为阶段、本质特征容易描述，但是，运用证据进行刻画却并不简单。“套路贷”犯罪中的行为，主要涉及诈骗、合同诈骗、非法拘禁、敲诈勒索、虚假诉讼、非法拘禁、非法侵入他人住宅等，这些犯罪行为有的贯彻“套路贷”的全过程，如诈骗、合同诈骗；有的仅是各个阶段的手段行为，如虚假诉讼、非法拘禁。对于这种有交叉、有重合的复合型犯罪，如果单纯以各个阶段的行为进行评价，很容易被“套路贷”所披“民间借贷”的合法外衣，而与“个人借贷”“小额贷款”“高利贷”等相混淆而无法准确定罪，甚至放纵犯罪。

① 参见中国银行保险监督管理委员会、中华人民共和国公安部、国家市场监督管理总局、中国人民银行《关于规范民间借贷行为 维护经济金融秩序有关事项的通知》。

② 参见最高人民法院、最高人民检察院、公安部、司法部《关于办理“套路贷”刑事案件若干问题的意见》。

③ 参见最高人民法院《关于人民法院审理借贷案件的若干意见》。

伽达默尔曾说:"一个人需学会超出近在咫尺的东西去视看——不是为了离开它去视看,而是为了在一个更大的整体中按照更真实的比例更清楚地看它。"[①]在办理"套路贷"刑事案件时,不能被简单的民商事外观所迷惑,应立足"常识、常情、常理",在坚持法律秩序统一的基础上,全面收集证据、查清案件事实,重点审查主观上有故意,以及明显侵害法益的行为,对于此种行为应当依据罪刑法定原则入罪。对于以非法占有为目的,假借民间借贷的名义,通过诸如债务的虚增、借款合同的虚假签订、制造资金走账流水、对违约肆意认定、转单平账、进行虚假诉讼等手段非法占有他人财产,或者使用暴力、威胁手段强行取得债权、强行索要债务的,可以认定为诈骗、强迫交易、敲诈勒索、抢劫、虚假诉讼等罪名。对于不具有非法占有目的,属于民间借贷活动,如擅自设立金融机构、非法吸收公众存款、骗取货款、套取金融机构资金发放高利贷以及为强索债务而实施的故意杀人、故意伤害、非法拘禁、故意毁坏财物等行为,可以按照具体犯罪行为进行定罪。对于"套路贷"中不明知真实借贷情况,但帮助实施故意伤害、非法拘禁或者滋扰被害人及其近亲属正常生活行为,或者帮助捏造事实提起民事诉讼的,也应当按照具体犯罪行为进行定罪。[②] 总之,在"套路贷"犯罪中准确定罪,应当紧紧抓住"套路贷"犯罪的本质特征从整体上把握。

(二)"套路贷"犯罪的罪数认定

"套路贷"是犯罪的复合体,其在各个时期实施的行为并不符合刑法理论上连续犯的特征,各实施的行为之间也没有明显的主从之分,不能以相互吸收的方式进行认定。"套路贷"犯罪中虽有前述各个时期相对固定的行为模式,但是,"套路贷"本身并非法定罪名,各时期的行为不具有必然性,认定具有牵连关系必须严格按照刑事法律规定。在"套路贷"案件中,既存在虚构事实、隐瞒真相的诈骗手段,又存在暴力、威胁、虚假诉讼等手段,如果同时构成诈骗、抢劫、敲诈勒索、非法拘禁、虚假诉讼等多种犯罪的,应当依据《刑法》的数罪并罚或者按处罚较重的相关规定定罪处罚。[③]

(三)"套路贷"犯罪中非法经营的性质

"任何法律都必须有其根据,即根据某种明确的观点或信念,否则便无法解释和毫无意义。"[④]"套路贷"犯罪中的放贷公司大都不具有金融许可证,其面向社会不特定人的放贷行为在形式上具有非法性和经营性,这在很大程度上扰乱了现有金融秩序,属于非法金融活动,但将其认定为非法经营罪,目前的法律依据尚不充分。

首先,非法经营罪中前置性要求是违反国家规定。对于何为国家规定,《刑法》作了相应规定,即国务院制定的行政法规、规定的行政措施、发布的决定和命令。在 2011 年,

① 参见王利荣:《行刑法律机能研究》,法律出版社 2001 年版,第 368 页。

② 参见最高人民法院、最高人民检察院、公安局、司法部《关于办理黑恶势力犯罪案件若干问题的指导意见》。

③ 参见最高人民法院、最高人民检察院、公安部、司法部《关于办理"套路贷"刑事案件若干问题的意见》。

④ 参见林山田:《刑罚学》,(台北)商务印书馆 1985 年版,第 127 页。

最高人民法院又进一步作了司法解释，即有明确的法律依据或者同相关行政法规不相抵触、经国务院常务会议讨论通过或者经国务院批准、在国务院公报上公开发布，以国务院办公厅名义制发的文件，视为《刑法》中的“国家规定”。[①] 目前，小额贷款公司设立的主要依据是 2008 年中国银监会、中国人民银行发布的《关于小额贷款公司试点的指导意见》，涉及“套路贷”的小额贷款公司显然不能依据该意见认定为非法经营。

其次，对被告人的行为是否属于《刑法》禁止的“其他严重扰乱市场秩序的非法经营行为”，最高人民法院认为有关司法解释未作明确规定的，应当作为法律适用问题，逐级向最高人民法院请示。从最高人民法院对相关“高利贷”案件的批复看，[②]目前尚无司法解释对“套路贷”公司非法放贷行为的性质作出规定，实践中，直接认定“套路贷”属于其他严重扰乱市场的非法经营行为缺乏法律依据。

三、“套路贷”犯罪中共同犯罪的认定

“套路贷”犯罪中认定共同犯罪，要坚持“部分行为全部责任”，既要从整体进行评价，也要区别个体准确判断，严格区分主、从犯，确保罪责刑相适应。根据参与的环节与涉及的犯罪，在其中起主要作用的，应当认定为主犯；起次要作用的，可以认定为从犯。对于明知自身行为在整个犯罪链条中的地位与作用，并追求或放任这一结果发生的，则应当对整个“套路贷”最终产生的后果承担责任。

（一）“平账”公司之间共同犯罪的认定

共同犯罪要求各行为人主观上必须要有共同行为的意思。“套路贷”犯罪一般会有两个以上贷款公司参与放贷，逼迫被害人“借新还旧”，形成“平账”的上下家公司。如果这些上下家公司在事前即作出通谋的，结合证据可以认定为共同犯罪。如果不能认定事前通谋，则需要通过对“平账”公司之间在“平账”过程中发生的行为分析后综合认定，如“平账”次数、资金走向、股东情况以及个人的认知能力、既往经历、是否因“套路贷”犯罪受过处罚、是否故意规避调查等主客观因素，等等。另外，有证据证明三人以上组成较为严密和固定的犯罪组织，有预谋、有计划地实施“套路贷”犯罪，已经形成犯罪集团的，应当认定为犯罪集团，对首要分子，应当按照集团所犯的全部罪行处罚。

（二）以共同犯罪论处的情形

由于“套路贷”涉及环节多、参与人员多，出于逃避刑事打击等因素，往往会将一些中

---

① 参见《关于准确理解和适用刑法中“国家规定”的有关问题的通知》。

② 参见《最高人民法院关于被告人何伟光、张勇泉等非法经营案的批复》(〔2012〕刑他字第 136 号)：广东省高级人民法院：你院(2011)粤高法刑二他字第 16 号《关于被告人何伟光、张勇泉等以发放高利贷为业的行为是否构成非法经营罪的请示》收悉。我院经研究认为，被告人何伟光、张勇泉等人发放高利贷的行为具有一定的社会危害性，但此类行为是否属于刑法第二百二十五条规定的“其他严重扰乱市场秩序的非法经营行为”，相关立法解释和司法解释尚无明确规定，故对何伟光、张勇泉等人的行为不宜以非法经营罪定罪处罚。此复。

间环节的事项，如电话催收、ATM 机取款等，交由一些临时、非核心工作人员，对这种不明知真实借贷情况的，如其帮助实施相关行为，经查证属实则只能按照具体犯罪行为进行认定。但是，结合认知能力、既往经历、行为次数和手段、与他人关系、获利情况、是否因"套路贷"犯罪受过处罚等综合分析，属于明知他人实施"套路贷"犯罪的，在各个时期、环节分别进行协助的，如协助制造现金支付、银行走账记录、第三方支付记录等虚假给付事实，或者提供资金、场所、交通等帮助的，或者非法出售、提供公民个人信息的，或者帮助、掩饰、隐瞒转移犯罪所得及其产生收益、套现、取现的，或者是中介人员长期参与"套路贷"犯罪活动的，或者协助以虚假事实提起民事诉讼的，对这些人员则应当以共同犯罪论处。

四、"套路贷"犯罪形态与数额的认定

"套路贷"犯罪由于涉案金额巨大，最终认定的犯罪形态与确定的犯罪数额对量刑有着极大的影响，目前全国性标准还没有出台，现阶段有必要从保护被害人权益角度出发进行既未遂与数额的认定。

（一）"套路贷"犯罪中犯罪形态的认定

由于"套路贷"犯罪并非《刑法》规定的罪名，如前所述，对其区分不同情形以具体犯罪事实定罪，如诈骗罪、敲诈勒索罪、故意伤害罪、非法拘禁罪等，因此，"套路贷"犯罪的既未遂应当结合具体犯罪事实所确定的罪名进行认定。

根据我国刑法理论的传统观点，开始实行《刑法》分则所规定的某一犯罪构成要件的行为就是着手。"套路贷"犯罪中为了实行犯罪而成立小额贷款公司、散发广告、设计 APP 程序等情形属于为了犯罪准备工具、制造条件的犯罪预备。"套路贷"犯罪的实行行为应当包括但不限于针对某一被害人签订虚假合同、扣押车辆等实质性的"套路"行为。既遂的认定可以立足于保护被害人权益，采取"失控说"，即以被害人实际失去对于财物的控制或无法对自己所有的财产进行使用、收益，如房屋虽然仍在被害人名下但被无限期租赁给他人，或者进行虚假诉讼后法院对被害人财产予以查封、扣押、冻结等，对于行为人来说，已实质取得了这些财产的对价或可期待利益，则可以认定为既遂。

（二）"套路贷"犯罪数额的认定

从保护被害人权益的角度出发，"套路贷"犯罪既遂后，被害人实际支付的数额，包括利息、"违约金""保证金"，以及以各种名目收取费用，如"中介费""服务费"等，均应计入"套路贷"犯罪数额。"套路贷"行为未能实际侵占他人财物的，以其行为分别以相关具体罪名，如诈骗罪等来认定未遂。①

---

① 参见最高人民法院、最高人民检察院、公安部、司法部《关于办理"套路贷"刑事案件若干问题的意见》。

(三)“套路贷”案件中财物的追缴

“套路贷”犯罪中非法侵占的财物被行为人用于清偿债务或者转让给他人,只要对取得财物方有证据证明对收取非法所得财物主观上明知,或者取得非法所得财物是无偿的,或者取得非法所得财物是以明显低于市场的价格,或者取得非法所得财物的原因是非法债务或违法犯罪活动,都应当进行追缴。

“一万元的欠款,三十万元的欠条”,“套路贷”的危害可见一斑,在当前司法实践中,公检法司等机关唯有深入了解“套路贷”犯罪规律特点,统一认识,将甄别、惩治、预防有机结合,才能对此类刑事案件进行有效打击。

“软暴力”犯罪中的罪数问题

徐贞庆*

摘要：“软暴力”犯罪的定罪量刑需要解决好罪数问题。罪数问题的前提是要结合犯罪构成理论确定“软暴力”行为构成相应的犯罪，并对照“软暴力”犯罪的具体表现形式确定行为是否达到需要刑罚处罚的程度。另外，“软暴力”犯罪在犯罪成立阶段和处罚阶段的标准并不一样，需要区别对待。在“软暴力”升级转化为有形暴力的过程中，要从犯罪构成理论和法益侵害的角度判断行为是构成一罪还是数罪，同时还要注意后行为对前行为所产生的影响。

关键词：“软暴力”犯罪　罪数　犯罪构成

最高人民法院、最高人民检察院、公安部、司法部于2019年2月28日印发、2019年4月9日施行的《关于办理实施“软暴力”的刑事案件若干问题的意见》（以下简称《意见》），归纳了“软暴力”犯罪的通常表现形式和行为特征，解决了司法机关关于“软暴力”犯罪的认识分歧。“软暴力”是指采用滋扰、纠缠、哄闹、聚众造势等手段扰乱他人正常的工作、生活秩序，使他人产生心理恐惧或者形成心理强制的手段。① “软暴力”犯罪以有形的硬暴力为后盾，本质在于通过“软暴力”的形式对被害人形成心理强制，在实践中往往是团伙作案，具有重复性、持续性、多次性等特征，涉及敲诈勒索罪、非法拘禁罪、寻衅滋事罪等多个罪名。罪数问题成为司法机关办理“软暴力”犯罪案件经常遇到的一个重要问题。《意见》第9条以“采用‘软暴力’手段，同时构成两种以上犯罪的，依法按照处罚较重的犯罪定罪处罚，法律另有规定的除外”的内容予以规定。上述规定对于司法实践中处理“软暴力”犯罪的罪数问题具有一定的指导意义，但内容过于简单，很多“软暴力”犯罪的罪数问题依然无法解决。“罪数判断是定罪的必经阶段。既然犯罪都有数量属

* 徐贞庆，江苏省江阴市人民检察院检察员。

① 参见黄京平：《恶势力及其软暴力犯罪探微》，载《中国刑事法杂志》2018年第3期。

性，犯罪的个数当然是定罪过程中必须讨论的问题。”[①]对“软暴力”犯罪准确地定罪量刑首先需要解决好罪数问题，除《意见》规定的相关内容外，处理好“软暴力”犯罪中的罪数问题，还需要把握好以下三个方面：

一、前提——“软暴力”行为应当构成犯罪

“罪数评价是针对犯罪而言的，不能脱离这点来谈论罪数评价。”[②]行为人虽然实施了多个“软暴力”行为，但是只有一个“软暴力”行为构成犯罪的情况下，就不存在罪数问题。《关于办理黑恶势力犯罪案件若干问题的指导意见》（以下简称《指导意见》）第 17 条规定：黑恶势力为谋取不法利益或形成非法影响，有组织地采用滋扰、纠缠、哄闹、聚众造势等手段侵犯人身权利、财产权利，破坏经济秩序、社会秩序，构成犯罪的，应当分别依照《刑法》相关规定处理。《意见》第 5 条、第 7 条、第 8 条都强调“同时符合其他犯罪构成要件的”才能以相应的罪名处罚。也就是说，以“软暴力”实施侵犯他人人身权利、财产权利的行为并不一定构成犯罪，只有构成犯罪的行为才能依照《刑法》的规定处理。“软暴力”不同于有形暴力，暴力程度相对较轻，表现形式相对较弱，无论是对人身还是对心理的强制程度均低于有形暴力。根据我国《刑法》第 13 条规定，情节显著轻微危害不大的行为不认为是犯罪。可见我国《刑法》对犯罪行为采取的是“定罪 + 定量”的模式，只有达到较高不法程度的违法行为才能被认定为犯罪行为。因此，在对“软暴力”犯罪行为进行罪数评价前必须确定“软暴力”的行为已经达到了《刑法》规定的相应犯罪的程度。

那么如何判断“软暴力”行为是否达到犯罪的程度呢？首先，要结合犯罪构成理论，确定“软暴力”行为在形式上符合特定犯罪构成的基本要件，也就是要具有构成要件符合性。其次，就是要结合“软暴力”行为的具体特点，判断其行为是否达到需要刑罚处罚的程度。刑罚作为最严厉的处罚手段，具有谦抑性，在适用其他法律可以达到处罚目的的情况下一般不会适用刑罚。“软暴力”犯罪的暴力形式主要为语言暴力、精神或心理强制，形式上具有非暴力性，行为人通过实施一定的行为来对被害人精神状况产生一定的强制力，如对被害人及其家人的人身安全进行威胁、干扰被害人及其家人正常生产经营活动和生活秩序、雇佣老人或妇女坐板凳堵门堵路等。归纳起来，“软暴力”犯罪行为具体表现有以下四种形式：以强硬的态度、威胁的言语对他人进行恐吓，使对方不敢反抗；长期滋扰他人生产、生活；集体展示黑恶势力的组织力量、标识，暗示自己具有一定的黑恶势力背景，使被害人不敢反抗；通过组织或雇佣网络“水军”，在网上威胁、恐吓、侮辱、诽谤、滋扰被害人或影响舆论监督和公众知情权。[③] 上述归纳的“软暴力”行为均应认定

① 庄劲：《机能的思考方法下的罪数论》，载《法学研究》2017 年第 3 期。

② 刘刚：《论罪数评价》，载《法律科学》2011 年第 3 期。

③ 参见卢建平：《软暴力犯罪的现象、特征与惩治对策》，载《中国刑事法杂志》2018 年第 3 期。

为达到犯罪的程度,应当结合具体的犯罪构成适用刑罚予以处罚。

二、误区——区分标准与处断标准的混淆

罪数问题,是以犯罪论与刑罚论为评价前提,探讨如何对具体行为事实进行评价,主要处理两个问题:一、在犯罪成立阶段,被告所犯之罪究属一罪抑或数罪? 二、在犯罪处罚阶段,对于已成立之数个犯罪,应如何予以处罚?[①] 可见,罪数问题存在犯罪成立和处罚阶段,两个阶段区分的标准并不一致。在犯罪成立阶段,根据罪刑法定原则,对具体的"软暴力"行为应当根据刑法规定的各种犯罪类型,以及刑罚效果全面地评价,穷尽一切的判断手段,毫无遗漏地进行犯罪构成要件该当性之判断,如具有一罪之构成要件该当性,即应成立一罪;如具有数罪之构成要件该当性,即应成立数罪。在犯罪处罚阶段,则需要根据具体情况具体分析。

实践中,在办理"软暴力"犯罪案件时经常会发生将罪数的区分问题和罪数的处断问题搞混的情形。例如,行为人以非法拘禁的方式实施敲诈勒索。根据犯罪构成理论,行为符合非法拘禁罪和敲诈勒索罪的犯罪构成,应当数罪并罚,这忽视了犯罪之间的牵连关系。出现此类问题的关键在于没有准确理解罪数的区分标准和罪数的处断标准。当前,"以犯罪构成要件说作为区分一罪与数罪的标准,已成为当代我国刑法学界大多数人的共识。"[②]在处理"软暴力"型犯罪时,首先应当依据犯罪构成标准对事实涉嫌的罪名进行确定,确定多个罪名之后,再依据罪数的处断原则进行处罚。也就是说,区分是处断的手段、前提,处断是区分的目的、结果。犯罪构成作为区分罪数的标准,虽然可以用来说明事实构成几个犯罪,但并不能说明数罪中相互之间的关系,也并不意味着"一罪一罚"和"数罪并罚"的必然结果。连续犯、牵连犯、想象竞合犯等情形虽然符合数个犯罪构成,但实践中一般都按一罪处断。例如,在"软暴力"型的寻衅滋事罪中,行为人基于概括的故意在一定时间内连续以"软暴力"的方式对多人实施寻衅滋事行为,从犯罪构成的角度来说,连续的行为无疑构成数个寻衅滋事罪,但无论在理论上还是在司法实践中均认为此类行为属于连续犯,应当按一罪处断。

三、难点——暴力升级转化中的罪数问题

"软暴力"犯罪虽不直接表现为有形暴力,但主要以组织的势力、影响和犯罪能力为依托,以有形暴力为后盾,且是一种随时可以实现的暴力。实践中,不少"软暴力"犯罪行为的暴力程度会不断升级,最终转化为有形暴力。在暴力程度的转化升级过程中,罪数问题成为司法实践中的一个难点。例如,行为人先以"软暴力"的方式对被害人进行敲诈

---

① 参见甘添贵:《罪数理论之研究》,中国人民大学出版社 2008 年版,第 7 页。

② 刘宪权:《罪数形态理论正本清源》,载《法学研究》2009 年第 4 期。

勒索,在被害人不就范的情况下,暴力程度不断升级,最终行为人以强暴力压制被害人,迫使被害人屈服,交出财物。对于此类案件如何认定,实践中存在分歧:有人认为,行为人涉嫌敲诈勒索罪,应以敲诈勒索罪定罪处罚;有人认为,行为人涉嫌敲诈勒索罪(未遂)、抢劫罪,应当数罪并罚;有人认为,行为人涉嫌抢劫罪,敲诈勒索行为已经被抢劫行为所吸收,不需要再单独进行评价,应以抢劫罪定罪处罚。可见,在暴力的转化升级过程中,由于行为性质发生变化,单一的犯罪构成有时难以全面评价案件事实,如何处断,需要根据不同的情况作出不同的处理。

首先,需要判断暴力升级后是否超出特定犯罪的构成范围,如果没有超出一罪的定罪范围,则只需以一罪定罪处罚。以非法拘禁为例,行为人在实施非法拘禁的过程中,实施各种"软暴力",进而升级转化为"硬暴力",但是只要没有出现"致人伤残、死亡"的结果,就没有超出非法拘禁罪的定罪范围,只需要按照非法拘禁罪定罪处罚即可。如果出现致人重伤或者死亡的结果,则需要视情况不同分别对待。如果行为人的过失行为导致重伤、死亡结果的出现,则依然在非法拘禁罪的评价范围内,无须援引他罪处理。但是如果行为人是故意实施了导致他人重伤或者死亡的行为,并且有相应的结果出现,则超出了非法拘禁罪的评价范围。根据《刑法》的规定,应当分别按照故意伤害罪或者故意杀人罪定罪处罚。

其次,在"软暴力"升级转化后超出特定的犯罪构成范围,一罪无法评价时,则需要从法益侵害性的角度判断是以一罪处罚还是数罪并罚。"罪数的判断标准,应当立足于犯罪的本质,而犯罪的本质,即为法益的侵害性,因此,罪数的认定,应以法益为本。"①一般来说侵害一个法益成立一罪,侵害数个法益成立数罪。但是,有时一罪保护数个法益,对行为以一罪评价即能全面评价行为侵犯数法益的事实,实现刑法保护法益的目的时,则只需要以一罪处断。以上述的敲诈勒索案为例,无论是敲诈勒索还是抢劫侵害的法益,都包括被害人的财产权。当暴力程度升级后,敲诈勒索转化成为抢劫,行为侵害的法益也由财产权扩大到人身权,抢劫罪保护的法益包括财产权和人身权,因此,本案以抢劫罪定罪处罚即可。如果暴力转化升级后,侵害的法益发生变化,仅定一罪无法全面评价案件事实,则需要数罪并罚。

最后,在"软暴力"升级转化的过程中,要注意后行为对前行为的影响,实现重罪重罚、轻罪轻罚,不违背罪责刑相适应的原则。例如,行为人进入被害人家中实施"软暴力"行为对被害人生活不断进行滋扰,实现索要非法债务的目的,之后"软暴力"不断升级转化为有形的暴力,对被害人实施了强奸行为。一般认为,行为人的行为构成敲诈勒索罪和强奸罪,而且应当数罪并罚。但是,司法实践中的个案总是具有特殊性。一般来说,行为人是先实施敲诈勒索行为,既遂之后再实施强奸行为。两者之间具有明显的间隔,互

---

① 郭莉:《罪数判断标准研究》,载《法律科学》2010 年第 5 期。

不影响,数罪并罚即可。但是,如果行为人在实施敲诈勒索的过程中“软暴力”不断升级转化为有形暴力,并实施了强奸行为,之后继续利用被害人不敢反抗或者不能反抗的状态,取走之前敲诈勒索时索要的财物。在这种情况下,行为人通过实施强奸这种暴力行为已经彻底压制了被害人反抗并进而取走财物,此时将其行为再评价为敲诈勒索已明显不当,而应认定为抢劫。由于两个行为分别侵犯了两个不同的法益,应当数罪并罚。其中抢劫行为符合《刑法》规定的入户抢劫的情形,法定刑应当在十年以上。

恶势力犯罪案件的审查认定

——从两起赌博案件谈起

杨康健　魏　娟*

摘要:随着扫黑除恶专项斗争的深入开展,司法实践中对于恶势力的认定出现了一些认识分歧。关于恶势力,尽管已有司法解释作了相关规定,但案件审查中仍有不少困惑。从具体案件入手,考察恶势力的立法沿革,分析恶势力的基本特征,解决恶势力的审查认定问题,不失为一种实践进路。

关键词:恶势力　立法沿革　基本特征　审查认定

一、问题的提出

案例一:2017 年 2 月至 3 月,秦某某与华某某、诸某某、封某某等以营利为目的,纠集徐某某、李某某等人多次组织他人以麻将牌斗牛的形式在常州市武进区某酒楼、某茶室、某小区等地聚众赌博,从中非法获利 8 万余元。其中秦某某、华某某、诸某某为赌档组织者,徐某某多次为赌档捉子(摇骰子),李某某多次为赌档保管庄峰(抽水)。

案例二:2017 年 7 月至 2018 年 1 月,贾某某纠集董某某、胡某某、周某某、殷某某、李某某等人在常州市武进区某养殖场、某鱼塘、某农庄等地,多次开设赌档,为参赌人员提供场地、赌具、赌资、望风、接送等服务,多次组织他人以斗牛形式进行赌博,并从中抽头渔利。为讨要赌债,贾某某指使他人非法拘禁胡某某。因赌博纠纷,贾某某组织成员与他人发生持械聚众斗殴。为维护团伙利益,贾某某等人还实施了寻衅滋事、故意伤害等犯罪活动。

以上两个案例均为笔者所在检察院办理的赌博类犯罪案件,两案涉案人数均为三人

---

* 杨康健,江苏省常州市武进区人民检察院副检察长;魏娟,江苏省常州市武进区人民检察院第一检察部检察官助理。

以上,可能涉及恶势力犯罪。实践中,公安机关对于该类案件,往往仅凭借罪名来认定恶势力,即属于"三人以上,开设赌场者、组织者相对固定,多次实施赌博活动"就予以认定。然而上述案例表明,尽管同属赌博类案件,除了"人数较多、赌博次数较多"的特征,案例二中贾某某、董某某等人不仅实施了赌博活动,还实施了非法拘禁、聚众斗殴等其他犯罪活动。此外,不同于案例一中以获取非法利益为目的而组织起来的秦某某、华某某等人,案例二中贾某某、董某某等人不仅已有一定的组织性,而且贾某某在多次违法犯罪活动中逐渐成为固定的纠集者,为非作恶,扰乱社会经济、生活秩序。

由此可见,聚众赌博或者开设赌场等赌博类犯罪,能否都认定为恶势力犯罪,值得研究。如何审查恶势力的外部特征,判断其内在实质,应当引起充分重视。笔者认为,可从恶势力的立法沿革入手,分析恶势力的基本特征,在此基础上提出恶势力的审查认定思路。

二、恶势力的立法沿革

从恶势力的名称考察,其又称"恶势力团伙",最初被称为"流氓恶势力",指经常纠集在一起,以暴力、威胁或者其他手段,在一定区域或行业内多次实施违法犯罪活动,为非作歹,扰乱经济、社会生活秩序,造成较为恶劣的社会影响,尚未形成黑社会性质组织的犯罪团伙。[①] 应当注意到,"流氓恶势力"一词肇始于1983年第一次"严打"运动,带有浓厚的政治色彩和鲜明的时代特色。

2009年12月,最高人民法院、最高人民检察院、公安部印发了《办理黑社会性质组织犯罪案件座谈会纪要》(以下简称《座谈会纪要》),首次在规范性文件中提出"恶势力团伙"的概念,同时指出"恶势力是指经常纠集在一起,以暴力、威胁或其他手段,在一定区域或者行业内多次实施违法犯罪活动,为非作恶,扰乱经济、社会生活秩序,造成较为恶劣的社会影响,但尚未形成黑社会性质组织的犯罪团伙"。[②]《座谈会纪要》对于恶势力的界定趋向规范化,将其认为是黑社会性质组织的雏形。

2018年1月,中共中央、国务院印发《关于开展扫黑除恶专项斗争的通知》,要求政法机关始终保持对各类黑恶势力违法犯罪的严打高压态势。为了适应与黑恶势力犯罪斗争的需要,2018年1月,最高人民法院、最高人民检察院、公安部、司法部印发了《关于办理黑恶势力犯罪案件若干问题的指导意见》(以下简称《指导意见》),再次深化了恶势力概念,规定恶势力是指经常纠集在一起,以暴力、威胁或者其他手段,在一定区域或者行业内多次实施违法犯罪活动,为非作恶,欺压百姓,扰乱经济、社会生活秩序,造成较为恶

---

① 参见龙敏、吴加明:《恶势力犯罪惩处之困境与出路》,载《犯罪研究》2012年第1期。

② 参见最高人民法院、最高人民检察院、公安部《办理黑社会性质组织犯罪案件座谈会纪要》第2条第6点。

劣的社会影响,但尚未形成黑社会性质组织的违法犯罪组织。①

随着扫黑除恶专项斗争的深入,实践中出现了对恶势力的认定标准不够统一等情况。2019年2月,最高人民法院、最高人民检察院、公安部、司法部印发了《关于办理恶势力刑事案件若干问题的意见》(以下简称《意见》),要求准确认定恶势力和恶势力犯罪集团,坚决防止人为拔高或者降低认定标准。《意见》对于恶势力的规定更加精细化、规范化,对于司法实践具有重要指导意义。②

三、恶势力的基本特征

根据罪刑法定原则要求,犯罪构成条件必须由法律明确规定。当前"扫黑除恶"运动已经纳入法制化轨道,有必要对恶势力的基本概念与特征加以明确界定。为此,本文从组织特征、行为特征、危害性特征三方面入手,对恶势力的基本特征加以解构。

(一)组织特征

就组织特征而言,恶势力一般为三人以上,纠集者相对固定,组织结构相对松散。《座谈会纪要》针对恶势力规定了"三人以上,纠集者、骨干成员相对固定"的条件。然而,《指导意见》第14条、《意见》第6条针对"恶势力"规定了"一般为三人以上,纠集者相对固定"的条件。通过对比不难发现,"骨干成员相对固定"的规定悄然消失。

此外,对比《刑法》第294条规定的黑社会性质组织的组织特征,即"形成较稳定的犯罪组织,人数较多,有明确的组织者、领导者,骨干成员基本固定",恶势力中纠集者相对固定,而被纠集人可能短暂聚集在一起,并且不要求形成稳定的犯罪组织,组织性相对松散。如果组织性更强,符合犯罪集团法定条件的恶势力犯罪组织,则构成恶势力犯罪集团,但其组织性特征仍然主要反映在纠集层面,而并非实施层面。

(二)行为特征

就行为特征而言,恶势力应当"以暴力、威胁或者其他手段,在一定区域或者行业内多次实施违法犯罪活动"。《座谈会纪要》对于恶势力的"违法犯罪活动"规定为"敲诈勒索、强迫交易、欺行霸市、聚众斗殴、寻衅滋事、非法拘禁、故意伤害、抢劫、抢夺或者黄、赌、毒等"。③《指导意见》中界定了恶势力"惯常实施的"及"还可能伴随实施的"犯罪活动,也就是办案中常见的"7+11"种犯罪情形。④《意见》中针对恶势力的行为特征,规定为"犯罪嫌疑人、被告人于2年之内,以暴力、威胁或者其他手段,在一定区域或者行业内

---

① 参见最高人民法院、最高人民检察院、公安部、司法部《关于办理黑恶势力犯罪案件若干问题的指导意见》第14条。

② 参见最高人民法院、最高人民检察院、公安部、司法部《关于办理恶势力刑事案件若干问题的意见》第12条。

③ 参见最高人民法院、最高人民检察院、公安部《办理黑社会性质组织犯罪案件座谈会纪要》第2条第6点。

④ 参见最高人民法院、最高人民检察院、公安部、司法部《关于办理黑恶势力犯罪案件若干问题的指导意见》第14条。

多次实施违法犯罪活动，且包括纠集者在内，至少有 2 名相同的成员多次参与实施违法犯罪活动”。[①] 由此可见，暴力性或者以暴力为依托，是恶势力必备的行为特征。应当注意到，从恶势力到恶势力犯罪集团，再到黑社会性质组织，呈现不断升级发展的特征，行为的暴力性、控制性特征呈现由弱到强递增的趋势。

此外，应当注意“软暴力”问题。“软暴力”也属于暴力的一种，《指导意见》对“软暴力”进行了规定。[②] 2019 年 2 月，最高人民法院、最高人民检察院、公安部、司法部印发的《关于办理实施“软暴力”的刑事案件若干问题的意见》也对“软暴力”加以界定，即行为人为谋取不法利益或形成非法影响，对他人或者在有关场所进行滋扰、纠缠、哄闹、聚众造势等，足以使他人产生恐惧、恐慌进而形成心理强制，或者足以影响、限制人身自由、危及人身财产安全，影响正常生活、工作、生产、经营的违法犯罪手段。[③] “硬暴力”和“软暴力”的区分标准，在于所造成伤害的性质主要是物理伤害还是精神伤害。[④] “软暴力”侧重基于组织背景、暴力依托等而造成的心理上、精神上的强制。在恶势力犯罪中，有时不存在“打砸抢”等“硬暴力”行为，需要重点关注“软暴力”的情形。

（三）危害性特征

就危害性特征而言，恶势力通常“在一定区域或行业内多次实施违法犯罪活动，为非作恶，欺压百姓，扰乱经济、社会秩序，造成较为恶劣的社会影响”。[⑤] 恶势力的严重危害，必须以多次实施违法犯罪活动为基础，其中至少实施一次犯罪活动，同时还必须以一定区域或者行业内的恶劣影响为评判依据。从某种意义上而言，前述组织特征和行为特征，是形成恶势力严重危害或非法影响的条件。[⑥] 恶势力的危害性大于一般共同犯罪，又区别于黑社会性质组织，其并未达到“称霸一方，在一定区域或者行业内，形成非法控制或者重大影响，严重破坏经济、社会生活秩序”的程度。恶势力造成的较为恶劣的社会影响，主要是破坏经济、社会秩序，尚未达到黑社会性质组织“形成非法控制或者重大影响”的程度。恶势力不追求也无法实现对社会的非法控制，不符合非法控制特征。[⑦] 由此可见，与黑社会性质组织造成的社会危害相比，恶势力造成的危害性相对较弱。

此外，应当注意到黑恶势力的发展有其规律，呈现从小到大、从恶到黑逐步演化的过

---

① 参见最高人民法院、最高人民检察院、公安部、司法部《关于办理恶势力刑事案件若干问题的意见》第 7 条。

② 参见最高人民法院、最高人民检察院、公安部、司法部《关于办理黑恶势力犯罪案件若干问题的指导意见》第 17 条、第 18 条。

③ 参见最高人民法院、最高人民检察院、公安部、司法部《关于办理实施“软暴力”的刑事案件若干问题的意见》第 1 条。

④ 参见林毓敏：《黑社会性质组织犯罪中的暴力手段及软性升级》，载《国家检察官学院学报》2018 年第 6 期。

⑤ 参见最高人民法院、最高人民检察院、公安部、司法部《关于办理恶势力刑事案件若干问题的意见》第 4 条。

⑥ 参见黄京平：《恶势力及其软暴力犯罪探微》，载《中国刑事法杂志》2018 年第 3 期。

⑦ 参见周光权：《黑社会性质组织非法控制特征的认定——兼及黑社会性质组织与恶势力团伙的区分》，载《中国刑事法杂志》2018 年第 3 期。

程。[①] 黑社会性质组织要求“有组织地通过违法犯罪活动或者其他手段获取经济利益,具有一定的经济实力,以支持该组织的活动”,但恶势力不一定需要有经济实力维系组织的运行。恶势力可能体现为一定的经济特征,但是经济特征并非恶势力成立的必要条件。

四、恶势力的审查认定

在考查恶势力的立法沿革,分析恶势力的基本特征的基础上,有必要结合上文相关案例,探讨恶势力的审查认定。总体上,需要考察是否体现出恶势力的组织特征、行为特征、危害性特征等,从形式上和实质上加以全面分析认定。

(一)综合全案看形式

组织特征是恶势力组织认定的基础,但是实践中恶势力组织的成立并不是一蹴而就的,而是通过一次次的有组织的违法犯罪行为不断增强的。[②] 就组织层级而言,恶势力只要具备稳定的第一级即可,也就是纠集者固定,组织性松散;恶势力犯罪集团则要求 3 人以上,首要分子明显,重要成员较为固定,从组织层级上来说具备稳定的二级即可,有一定的组织性。

当前司法实践中,恶势力日益呈现成员管理“零散化”、纠集方式“网络化”等特点。针对恶势力“一般为 3 人以上,纠集者相对固定”的特征,要重点审查是否有多名行为人、是否有相对固定的纠集者、是否有具体人员分工、成员之间是否紧密联系等,特别关注行为人实施犯罪时如何纠集、纠集目的、成员人数的供述以及同案犯之间的互相指证,从人数、组织结构上判断其是否具备恶势力的外在特征。

案例一中,根据相关事实证据,秦某某、华某某等人实施了聚众赌博行为,但是仅符合一般共同犯罪的特点。案例二中,贾某某多次纠集董某某等人实施开设赌场、聚众赌博、非法拘禁、聚众斗殴、寻衅滋事等行为,属于有固定的纠集者、多次实施违法犯罪活动,并且形成较为固定的犯罪组织,已经具备恶势力犯罪集团的组织特征。

(二)具体分析看行为

就行为特征而言,恶势力要求实施三次以上暴力、威胁或“软暴力”。实践中,暴力、威胁行为并无争议,对于“软暴力”的把握则不够明确,应予特别关注。在学术界,存在“隐形胁迫”的提法。“隐形胁迫”是指行为人不直接使用暴力或者胁迫手段,故意利用人们对暴力侵害的恐惧心理,实施侵害行为所产生的能够抑制受害人反抗的威慑力。[③] “软暴力”中的“心理强制”可以与“隐形胁迫”相比较而理解。在表现形式上,“软暴力”行为表现多种多样,行为人采取滋扰、纠缠、哄闹、聚众造势等,包括但不限于依靠恶名进行所

① 参见吴蕾:《当前黑恶势力犯罪特点及打防策略》,载《江苏警官学院学报》2009 年第 1 期。

② 参见刘仁文、刘文钊:《恶势力的概念流变及其司法认定》,载《国家检察官学院学报》2018 年第 6 期。

③ 参见汪力:《黑恶势力犯罪问题研究》,西南师范大学出版社 2003 年版,第 58 页。

谓“谈判”、“协商”、“调解”、公开隐私、网络造谣、电话骚扰、侮辱诽谤、贴报喷字等手段，其判断的根本依据在于对被害人造成心理强制。

恶势力犯罪并无独立罪名，依附于具体犯罪存在，其行为定性依赖于具体罪名，应当按照一般刑事案件的证据标准加以审查。针对恶势力犯罪中暴力行为相对隐蔽、不够明显的特点，应当重点关注多次实施违法犯罪活动的物证、言词证据、视听资料等证据。

案例一中，秦某某、华某某等人只是实施了一般性的聚众赌博行为。案例二中，贾某某、董某某等人除了实施开设赌场、聚众赌博行为之外，还实施了非法拘禁、聚众斗殴、寻衅滋事等违法犯罪，能够充分体现其恶势力性质，其中个别犯罪中还存在“软暴力”行为。

（三）全面分析看危害

在危害特征方面，恶势力中的违法犯罪行为通常具有一定的暴力性和公开性。[①] 应当注意到，恶势力的社会影响是对一定区域或行业内百姓生活、经济秩序等方面的影响，一般表现为被害人的认识、普通群众的反映和感受。恶势力犯罪中，行为人以恶势力团伙作为支撑，共同为非作恶，形成一种群体性的恶势力。而一般共同犯罪也不过是孤立的个人行为的一种合意。[②]

实践中，应当结合恶势力实施违法犯罪的次数、手段、规模以及造成损失、产生影响等方面，综合把握其社会影响。恶势力造成的社会危害既包括被害人的财产损失、人身伤害，又包括对被害人生活、工作区域或者一定行业的影响。

案例一中，秦某某、华某某等人聚众赌博行为造成的社会危害性，尚未超出一般共同犯罪的程度。案例二中，贾某某、董某某等人实施的开设赌场、聚众赌博、聚众斗殴、寻衅滋事等行为，不仅具有一般共同犯罪的危害性，而且严重扰乱了社会秩序，造成了更为恶劣社会影响，已形成恶势力犯罪集团。

---

① 参见刘宪章、孙刚：《恶势力违法犯罪的司法认定》，载《中国检察官》2018 年第 21 期。

② 参见储槐植、梁根林：《论刑法典分则修订的价值取向》，载《中国法学》1997 年第 2 期。

网络融资刑事治理的困境与出路

——基于43份司法裁判的实证分析

王 丹*

“金融创新”“互联网+”的理念为网络融资提供了革命性的力量，而“普惠金融”的官方语调又为网络融资提供了广阔的政策空间，反观司法实践中，刑事司法程序的网络融资案件与日俱增，频现的因网络非法集资、非法吸收公众存款案件已然脱离了互联网金融发展的理性轨道。根据“网贷之家”的统计，截至2018年12月底，我国网贷平台停业及问题平台数5409个。网络融资在没有清晰法律边界的情形下野蛮生长，造就了互联网金融的快速发展与“繁荣”，但同时也注定了其问题频发与急剧坠落的运动轨迹，而已有的研究多从民法、金融监管、行业自律等角度构建立体化防控体系，但对网络融资显现的刑法规制适用的困境仍待思考。

一、2017—2019年网络融资典型案例实证考察

为对网络融资犯罪的司法实践有更直观全面的认识，笔者从实证角度考察了网络融资的刑事治理样态。在中国裁判文书网以“网络融资”为关键词，据此检索出自近三年来的所有刑事案件裁判文书共计43份。或许样本数据偏小，但经过详细梳理后，发现这些案例均有一定的代表性，能反映裁判者在深思熟虑之后的刑法立场，据此也足以管窥我国司法实践中对网络融资犯罪问题的基本态度。

---

* 王丹，江苏省扬州经济技术开发区人民检察院检察官助理。

(一)犯罪主体的认定范围缺乏统一标准

1. 认定为单位犯罪的认识分歧

理论上,互联网融资可能涉嫌的刑事犯罪风险有"非法吸收公众存款罪"、"集资诈骗罪"、"擅自发行股票、债券罪"、"非法经营罪"和"擅自设立金融机构罪"等,通过分析判决样本,法院判决罪名为非法吸收公众存款罪的有 36 件,占 83.72%;罪名为集资诈骗罪的有 6 件,占 13.95%;定性为诈骗罪的有 1 件,占 2.33%;通过分析,样本中单位犯罪的仅有 2 件,占全部样本总数的 4.65%。公司网络融资的主要目的是维持经营而非个人使用,理论上构成单位犯罪的可能性应当更高,那么,是什么原因导致实践中单位犯罪的比例如此之低呢?该类案件客观上存在单位犯罪的适用空间,在全部样本中共有 13 份判决书解释了被告人为何不构成单位犯罪,主要理由有:(1)成立公司从事犯罪活动(6 个案件);(2)以个人名义借款或借款未体现单位意志(4 个案件);(3)借款未用于公司经营(3 个案件)。可见在司法实践中,对以公司、企业为依托实施的网络融资行为是认定自然人犯罪还是单位犯罪,以及如何否定单位犯罪而直接追究自然人的刑事责任,仍存在一些弹性。

2. 共同犯罪认定范围尚存难点

一是普通员工构成共同犯罪范围过宽。网络融资一般涉及借款人、出借人、网络借贷平台、网络技术支持辅助者等多个主体,而每个主体在网络融资中的分工和参与程度不尽相同。除公司法定代表人、实际负责人、股东等外,还有负责项目宣传、技术维护、活动筹办、发放员工工资等的普通员工。基于共同犯罪的一般法理,如果网络融资平台的业务员与实际负责人或高管存在共谋、共同的故意或者明知实际负责人或高管犯罪而提供帮助则构成共同犯罪。但通过对该 43 份判决书的分析发现,对于"何种情形下普通员工构成共同犯罪"这一问题,各地法院尚无统一的规定和做法。通过对判决书中明确身份的 104 名被告任职情况统计发现,属于普通业务员的共有 23 人,约占比 22.12%。实践中共同犯罪认定的范围偏广,忽视了对融资平台普通业务员在犯罪中所起作用的特殊考量。

二是对网络融资平台是否能够认定为集资诈骗罪的共犯存在争议。例如,对部分网络融资平台明知借款人虚构借款标的、隐瞒借款意图、骗取出借人钱款,而仍为其发布借款信息、提供中介服务的行为,能否认定为集资诈骗罪的共犯,以及对帮助犯刑事责任的追究是否需要以网络融资行为人的到案为前提仍存在不同见解。通过考察上述案例,可知在司法实践中,对集资诈骗罪帮助犯的处理往往都在行为人到案后才能认定共犯。

(二)投资人法律地位的界定之争

综观该 43 份刑事判决书,对案件投资人的表述并不一致,如有"被害人""证人""投资人"等称谓。最高人民法院、最高人民检察院、公安部 2014 年 3 月发布的《关于办理非法集资刑事案件适用法律若干问题的意见》中,使用了"集资参与人"这一概念,亦未对非法吸收公众存款案件投资人的法律地位作出明确认定。一种意见认为，非法吸收公众存款罪中的投资人不是被害人。原因在于此类案件侵犯的是国家金融管理秩序，是被告人实施的数个吸收存款行为的累积，单纯的看每一个吸收存款的行为都不构成犯罪，因此每个参与人都不是被害人。另一种意见则认为，非法吸收公众存款罪中的投资人是被害人，不能因投资行为的非法性或动机的不纯性等而否定投资人作为被害人的地位。“投资人的投机、贪利、无知、轻信不是直接导致集资犯罪发生的原因，仅在客观上帮助犯罪人实现目标，不能因此认为被害人是自冒风险而不予保护。”①

（三）资金用途与定罪量刑缺乏实质性关联

根据相关司法解释的规定，资金用途应是认定网络融资不法行为罪与非罪、此罪与彼罪、罪重与罪轻的重要依据。首先，主观上是否有“以非法占有为目的”是区分非法吸收公众存款罪与集资诈骗罪的必备要件。② 其次，如果筹资人将吸收的资金用于生产经营并能够及时归还的，可以免除其刑事责任。③ 例如，2015 年深圳“网赢天下”案，公诉机关指控的罪名是非法集资诈骗，但因侦查机关未查清涉案资金走向，法院裁判以非法吸收公众存款罪论处，可见资金用途对于罪名认定的重要意义。但是，根据对该 43 份裁判文书的分析，资金用途与定罪量刑并不存在实质性关联，甚至出现了一定程度的偏离。但在供分析的 43 起案件中，有 7 起案件的资金走向未查清，占到总数的 16.28%，判决书也未对资金使用情况进行说明。有的判决书中明确提出，“资金去向不影响非法吸收公众存款罪的性质。”④

二、网络融资刑法规制的精细化改进及其合理性考量

（一）适度运用“单位犯罪”理论限制对自然人犯罪的认定

在部分案件中，“确实存在互联网金融模式和理念的创新的因素，而且行为人前期确实具有一定的合规意识和风险控制意识，只是各种金融创新业态的发展迭代速度和频率，远远超过金融行政监管规则的更新进度，导致金融创新没有确定性边界，随着投机性

---

① 参见胡春健：《论金融消费者的刑事保护》，华东政法大学 2014 年博士学位论文，载中国知网。

② 2010 年 12 月 13 日最高人民法院《关于审理非法集资刑事案件具体应用法律若干问题的解释》第 4 条规定，以非法占有为目的，使用诈骗方法实施本解释第二条规定所列行为的，应当依照刑法第一百九十二条的规定，以集资诈骗罪定罪处罚。使用诈骗方法非法集资，具有下列情形之一的，可以认定为“以非法占有为目的”：（一）集资后不用于生产经营活动或者用于生产经营活动与筹集资金规模明显不成比例，致使集资款不能返还的；（二）肆意挥霍集资款，致使集资款不能返还的；（三）携带集资款逃匿的；（四）将集资款用于违法犯罪活动的；（五）抽逃、转移资金、隐匿财产，逃避返还资金的；（六）隐匿、销毁账目，或者搞假破产、假倒闭，逃避返还资金的；（七）拒不交代资金去向，逃避返还资金的；（八）其他可以认定非法占有目的的情形。

③ 2010 年 12 月 13 日最高人民法院《关于审理非法集资刑事案件具体应用法律若干问题的解释》第 3 条第 4 款规定：“非法吸收或者变相吸收公众存款，主要用于正常的生产经营活动，能够及时清退所吸收资金，可以免予刑事处罚；情节显著轻微的，不作为犯罪处理。”

④ 参见湖北省孝感市中级人民法院刑事裁定书（2014）鄂孝感中刑终字第 00177 号、浙江省丽水市莲都区人民法院刑事判决书（2015）丽莲刑初字第 645 号。

获利和监管套利带来的前期业绩的大幅增加,行为人投机意识不断增强,业务边界不断僭越合法底线,叠加了我国经济持续下行的宏观因素后,风险不断积聚和裸露,最终演化为非法集资刑事案件。"①在"乐网贷"非法集资案②中,法院认定莱芜万顺商务咨询有限公司构成单位犯罪。虽然单位在设立后有过一些正常的经营活动,但从一个相对确定的时间开始已演变为"以实施犯罪为主要活动的",即使还存在"正常的经营活动",单位少量正常经营活动并不影响单位犯罪的认定。

(二)网络犯罪中传统共同犯罪理论的适用

根据2010年12月13日公布的最高人民法院《关于审理非法集资刑事案件具体应用法律若干问题的解释》(以下简称《非法集资解释》)第8条之规定,广告经营者、广告发布者违反国家规定,利用广告为非法集资活动相关的商品或者服务作虚假宣传,具有特定情形的,以虚假广告罪定罪处罚。根据我国刑法共犯原理,对于广告的经营者和发布者,若事先或行为过程中与涉互联网金融犯罪的行为人存在共谋,且在共谋的共同故意下,分工协作,相互配合,并在利益上形成共同体,应当以相应罪名的共犯追究其刑事责任。

(三)司法裁决中考察"被害人过错"

根据被害人过错的法理精神,如果被害人知道从事某项活动是危险的并让自己承担了这样的危险,那么当危险发生时,被害人就不能因此获得赔偿,也即"自愿招致损害者不构成侵害"。利益与风险并存是亘古不变的真理,在网络融资刑事案件中,被害人在投资"高回报、见效快""钱生钱、利滚利"等诸多利诱之下,甘冒风险参与非法集资或投资,以投机方式获得高额回报,已然将理性投资的意识抛诸脑后。正因其在暴利的驱动下甘冒风险故意实施相关行为,从而直接或间接促成了犯罪案件的形成。

刑法是否有必要为那些经验丰富、实力雄厚的投资者提供保护?网络融资中的投资人是否等同于刑事法意义上的被害人?如果对专业投资者利益驱动下的投资行为予以刑法保护,是否会招致更多人参与网络融资不法行为?对此,本文认为应审慎对待,在制度设计时引入被害人过错理论。原因在于:一方面,投资人客观上参与了网络融资,网络融资案件中,投资人与行为人之间在一定程度上是对合犯的关系。另一方面,投资人在主观上明知投资行为的高风险性,仍甘冒风险故意实施投资行为。

(四)综合三要素判断是否具有非法占有目的

《非法集资解释》列举式规定了可以认定为"以非法占有为目的"的八种情形;2017年6月1日高检院公诉厅印发的《关于办理涉互联网金融犯罪案件有关问题座谈会纪要》第14条中指出了原则上可以认定具有非法占有目的的五种情形。但是随着办案实

---

① 参见金轶、宋伟、邢飞龙:《P2P融资行为的刑法规制及其反思》,载《中国检察官》2016年第1期(下)。

② 参见山东省莱芜市中级人民法院(2015)莱中刑二终字第30号刑事裁定书。

践的发展,犯罪手法层出不穷,除了上述列举式的标准之外,我们可以通过归纳出与上述判定标准在本质上一致的行为特征,合理明确"非法占有目的"的推定,具体而言,通过单独或综合考虑以下三种要素:

一是判断项目的虚假性。可以从必备的信息披露等程序性材料判断项目的虚假性,如果网络融资所宣称的项目本身就不存在,则即可直接推定行为人存在"非法占有目的"。

二是查明事后的资金用途或流向。在《非法集资解释》列举的情形中,前四种究其实质均是通过对事后资金用途或资金流向的判断。如果犯罪主体事后肆意挥霍相应资金,携款潜逃,从事相关违法活动或者其他使得集资资金不能返还的情形,均可判断出行为人"非法占有目的"的存在。

三是行为人偿还资金的可能性与态度。除上述情形外,将资金用于高风险的盈利活动,造成亏损的;在已经出现无法兑付的经营风险、没有归还能力的情况下仍旧大量非法集资的;均可推定出其不具有返还资金的意图。

三、网络非法融资刑事治理的路径选择

(一)明确单位犯罪的入罪标准

一般认为,构成单位犯罪应当具备四个条件,即主体特征(犯罪主体应当是公司、企业、事业单位、机关、团体)、行为特征(由单位的决策机构按照单位的决策程序决定,由直接责任人员实施)、目的特征(为本单位谋取非法利益)和法律特征(必须是法律规定为单位犯罪)。这其中,应当以目的特征作为判断网络融资行为是否构成单位犯罪的核心标准。最高人民法院 2011 年公布的《全国法院审理金融犯罪案件工作座谈会纪要》明确了这一点,不论是主观上为了单位利益,还是客观上违法所得归单位所有,总之行为的初始目的和最终指向均是单位利益。因为"为了单位利益"是单位意志的外在表现,是判断单位意志的重要手段。由于单位意志的形成通常具有一定的隐蔽性和不可观测性,很多情况下很难通过证据证明犯罪行为是否出于单位意志。而行为是"为了单位利益"还是"为了个人利益"则是客观的,是较为直观且易于观察的,因此判断行为是否"为了单位利益"不仅可以更容易地确定行为是否出于单位意志,同时也可以基本排除个人犯罪的可能。在网络集资行为中,即便借款人以个人名义借款也不能一概认定为个人犯罪,还应当根据借款用途综合判断其借款行为是否"为了单位利益"。也即如果借款人以个人名义借款但借款均用于单位生产经营活动,也应当考虑认定为单位犯罪而非个人犯罪。这不仅符合单位犯罪认定的实质特征,也能够更好地实现罪刑均衡。因为行为人的借款行为若以实现单位利益为目的,其社会危害性和人身危险性均要小于个人利益驱动下的借款行为。而且由于利益归属于单位而非个人,单位也应当承担一定的刑事责任。因此,当行为人以个人名义的借款行为主要用于实现单位利益时,将之认定为单位犯罪而非个人犯

罪将更有利于实现单位与个人之间刑事责任的合理分配和罪刑之间的均衡。

(二)明确共同犯罪的司法认定

1. 细化普通员工构成共同犯罪的情形

网络非法集资是一种在公司组织架构下的犯罪,要结合其特点,对融资平台公司中的不同员工进行分析。(1)公司管理人员。要以其是否具体参与非法集资的管理和获取分红为标准。(2)公司财务人员。与公司法定代表人、高管相勾结,负责转移和掩盖资金的财务人员,应当定罪;纯粹负责记账工作的财务人员,则不应当定罪。(3)从事事务性工作的人员,可以通过行为人具体的行为来推定其主观故意。如果行为人有明显规避或违反法律的行为,就可以推定其具有非法集资的主观故意。如行为人在从事业务时使用假名,欺骗或者骚扰投资人,通过参加所谓的"经验交流会"学习如何应对侦查机关等。

2. 以帮助犯理论划定网络融资平台的刑事责任

考察网络融资平台是否能够认定为集资诈骗罪的帮助犯,则须回到共同犯罪理论本身。成立帮助犯,要求帮助者具有帮助的行为、帮助的故意和被帮助者实行了犯罪。至于帮助犯的故意内容,即是否要求帮助者认识到正犯的实行行为的结果,尚存在争议。但是,片面的帮助犯的成立,并不要求双方具有共同实现犯罪的意思联络,只要就实施行为具有意思联络就可以成立共同犯罪。基于此法理,网络融资平台在明知借款人虚构借款标的、隐瞒借款意图、骗取出借人钱款,而仍为其发布借款信息、提供中介服务的行为,则可认定为集资诈骗罪的共犯。

(三)明确"专业投资人"与"普通投资人"的区分标准

刑法规制网络融资犯罪行为的目的在于防止因金融欺诈导致普通投资人的利益损害,而且从司法资源的有效利用及法律的指引作用看,只有那些普通的公众投资者才需要法律给予特别保护,而富有经验的专业投资人不仅有能力了解风险和利润,而且也"具有一定的在未来承担投资损失的内心预期",[①]"法律设置非法集资的落脚点在于保护投资者,因此,投资者的身份和资质显然是用来界定非法集资社会性的最为重要的标准之一。"[②]

对于经验丰富的专业投资人和普通的社会公众,刑事司法显然应该有不同的制度设计。各国往往通过对投资者资质的要求限定私募对象的范围,即排除了"向社会公众集资"。例如,美国《证券法》中就使用了"获许投资者"(accredited investor)、《证券交易法》中使用了"合格投资者"(qualified investor)、《投资公司法》中使用了"合格购买人"(qualified purchaser)等概念来界定私募中的交易对象范围。网络非法融资的刑法治理应考虑

---

① 黄韬:《刑法完不成的任务——治理非法集资刑事司法实践的现实制度困境》,载《中国刑事法杂志》2011年第11期。

② 肖凯:《论众筹融资的法律属性及其与非法集资的关系》,载《华东政法大学学报》2014年第5期。

建立类似的“豁免制度”，即如果筹资人能够依据资产证明、风险承担能力等材料，证明其吸收资金面对的对象是“专业投资人”，且投资风险带来的不良影响是在可控的范围之内，那么就可以免除刑事责任。

（四）区分“资金用途”，优化投资人利益保护下的量刑选择

1. 以“资金用途”明确缓刑和罚金刑的适用范围

“互联网金融提倡的是一种宽容的创新氛围，过高的重刑率使得这种创新‘试错’的成本大大提升。这不利于互联网金融市场交易品种、避险手段的进一步丰富和完善，反过来也不利于投资者利益的保障。”[①]刑罚适用的目的是纠正犯罪行为所带来的社会恶果，而非给受害人带来二次伤害。首先，如果筹资人资金用于实际生产经营，且明确表示还款意愿，如符合缓刑量刑标准，则应优先适用缓刑；其次，罚金刑的适用要为行为人维持生产经营预留必要的资金。如此更有利于筹资人重新恢复生产经营、返还投资者出资，弥补对社会的危害。

2. 以“资金用途”界定是否具有“非法占有”的主观故意

资金用途应是判断行为人是否具有“非法占有”故意的重要考量因素。网络融资的集资人投资到其认为合适的其他实业，而非对外宣传的项目，造成亏损的，或者由于扩大生产暂时无法收回成本或生产经营不善等客观原因而无法返还集资款的，不能仅以此认定其具有非法占有的目的，要综合全案认定非法占有的目的。

值得注意的是，特定情形下存在犯意转化的问题，如行为人在非法集资之初意图将资金用于生产经营活动，由于项目经营不善，一段时间后项目便不再经营，并以非法占有集资款为目的继续吸收资金的，则构成了非法集资向集资诈骗的犯意转化。

---

① 高振翔：《互联网金融语境中的非法集资风险及其刑法规制》，载《交大法学》2016 年第 2 期。

试论非法利用信息网络罪司法适用中的问题及解决路径

张耀阳　孙永上*

摘要：我国《刑法修正案(九)》在第287条后增设非法利用信息网络罪，此条罪名有针对性地对尚处于预备阶段的利用信息网络犯罪行为独立入罪处罚。但在司法实践中存在对该罪存在罪名解读不一、司法适用混乱、保守适用倾向等诸多问题。究其原因系由于立法目的判断不准、罪质理解存在偏差、司法竞合处置不当所造成。准确理解该罪名必须从罪质、法条、法益、竞合分析四个方面全面解读其本质形态，从刑法理论上探寻完善该罪司法适用的方案。

关键词：非法利用信息网络罪　竞合　预备犯　情节严重

一、非法利用信息网络罪的司法适用问题

查阅中国裁判文书网，自2015年《刑法修正案(九)》施行至今，非法利用信息网络罪在司法实践中的适用效果并不理想，以非法利用信息网络罪定罪处罚的案例一共67件，这些生效案件还暴露出该罪的罪名解读不一、司法适用混乱、保守适用倾向等诸多问题。

(一)罪名解读不一

《刑法》第287条之一对非法利用信息网络罪作出规定："利用信息网络实施下列行为之一，情节严重的，处三年以下有期徒刑或者拘役，并处或者单处罚金：(一)设立用于实施诈骗、传授犯罪方法、制作或者销售违禁物品、管制物品等违法犯罪活动的网站、通讯群组的；(二)发布有关制作或者销售毒品、枪支、淫秽物品等违禁物品、管制物品或者其他违法犯罪信息的；(三)为实施诈骗等违法犯罪活动发布信息的。单位犯前款罪的，对单位判处罚金，并对其直接负责的主管人员和其他直接责任人员，依照第一款的规定

---

* 张耀阳，江苏省泗洪县人民检察院党组书记、检察长；孙永上，江苏省泗洪县人民检察院检察官助理。

处罚。有前两款行为，同时构成其他犯罪的，依照处罚较重的规定定罪处罚。”在《刑法修正案（九）》增设此条罪名以后，国家司法机关尚未出台相应的司法解释，致使实践中司法办案人员对该条文的解读存在较大差异。

1. “信息网络”内涵外延不清

“信息网络”是此罪中重要的客观要素，对其内涵和外延的不同解读直接会导致此罪与彼罪的差异。司法实践中有案例将“信息网络”限制为互联网，在认定构罪时将“利用信息”网络解释为“利用互联网”。但反对观点认为信息网络应当包含公用电信设施、无线电通信等内容，也有观点认为信息网络应当包含计算机信息系统，对利用计算机信息系统实施犯罪的行为也可以纳入此罪打击。实践中对“信息网络”解读不一导致部分案例的判决结果也不尽相同。①

2. “情节严重”缺乏具体标准

“情节严重”是构成本罪的要件之一，但“情节严重”目前并无司法解释对其标准进行规定，司法实践中处理方式也不尽相同。多数法官在对待此问题上采取“默认”的方式，如被告人张某通过设立微信群发表诈骗信息的方式，共骗取 4100 元，符合诈骗罪的定罪标准，则默认符合非法利用信息网络罪的“情节严重”标准。此种办案方式当然不具有说服力，《刑法》规定的每个词语都有其特定内涵，不可随意解读，更不能直接忽略不看。

3. “等、其他”过度扩张解释

“其他”违法犯罪信息、“等”违法犯罪活动是否应当作扩大解释，如果扩大解释，其范围如何确定。司法实践中普遍采取扩大解释，但扩大范围却不尽相同。有将其他违法犯罪信息扩大到法条中提到的违禁物品、管制物品的所有种类，也有扩大到所有违法犯罪信息解释的。有将“等”违法犯罪活动扩大到财产犯罪的，也有扩大到所有违法犯罪活动的。司法实践中对此难以达成共识，亟待司法解释出台。

（二）司法适用混乱

公安机关、检察院、法院对一件案件的定性存在不同看法是正常现象，很多争议案件都是经过复议、复核、一审、二审、抗诉再审等诸多司法程序后才得以确定。但对于非法利用信息网络罪，各司法机关的定性已经超出正常争议程度，存在严重的司法适用混乱现象。正常的争议案件尽管各方所持观点不同，适用法律条文不同，但都是基于对法律条文正确解读的基础。司法机关对非法利用信息网络罪的法律条文解读就存在争议，在司法实践中对该罪的适用必然存在混乱现象。例如，在办理涉及非法利用信息网络犯罪时，有的办案人员为回避“情节严重”这一不明确入罪标准而直接弃用该罪，有的办案人员比照相关罪名的“情节严重”标准按非法利用信息网络罪定罪处罚。② 持积极态度的办

① 参见孙道萃：《非法利用信息网络罪的适用疑难与教义学表述》，载《浙江工商大学学报》2018 年第 1 期。

② 参见喻海松：《网络犯罪的立法扩张与司法适用》，载《法律适用》2016 年第 9 期。

案人员对符合标准的案件优先适用该罪,持消极态度的办案人员将该罪作为兜底罪名处理,其他罪名无法适用时才适用该罪。

(三)保守适用倾向

非法利用信息网络罪第三款规定:“有前两款行为,同时构成其他犯罪的,依照处罚较重的规定定罪处罚。”因为该罪法定刑为三年以下,属于轻罪罪质,当同时构成其他犯罪时,多数情况下会按其他犯罪定罪处罚。但少数情况下构成其他犯罪的量刑区间也在三年以下,如诈骗罪中诈骗公私财物数额较大的法定刑为三年以下,此时应当如何定性需要具体分析案情以及判断法条竞合后的处理方式。但一些案例显示司法办案人员对非法利用信息网络罪持保守适用态度,能不用则不用,担心适用该罪产生各种争议无法解决。

二、非法利用信息网络罪适用问题的原因

针对上述非法利用信息网络罪在司法适用中出现的问题进行分析,发现主要有三方面原因。

(一)立法目的判断不准

非法利用信息网络罪的立法目的及其功能定位直接影响到该罪如何适用问题。司法实践中司法办案人员普遍对该罪的立法目的判断不准,不能确定增设该罪是为了规范一般性的信息网络安全管理秩序,还是为了对一般网络犯罪起到兜底作用。立法目的不能简单地从其法条中的表述理解,还应结合立法时代背景、相关罪名涵盖范围、国家打击犯罪大政方针等方面统筹考量。司法实践中的相关案件体现出办案人员没有准确判断立法者用意,导致在定罪上无从下手。

(二)罪质理解存在偏差

在非法利用信息网络实施的诈骗、盗窃等犯罪行为中,非法利用信息网络是诈骗罪、盗窃罪等犯罪行为的行为方法,具有依附性。同时,非法利用信息网络也是具有社会危害性的犯罪预备行为,具有相对独立性。对非法利用信息网络罪的罪质理解存在偏差,导致在司法实践中难以准确区分非法利用信息网络属于独立犯罪还是其他犯罪的预备行为。[①] 在理解和适用非法利用信息网络罪时,需要弄清看似矛盾的对立面,厘清何时作为独立预备犯加以规制,何时作为依附正犯的手段行为来处理,否则极易导致法条竞合与竞合论的适用混乱。

(三)竞合处置不当

竞合处置不当是导致该罪在司法实践中适用混乱的直接原因。一方面,非法利用信息网络罪为轻罪罪质,最高法定刑为三年有期徒刑,当与其竞合的罪名也适用三年以下

---

① 参见刘廷松:《非法利用信息网络罪的实证考察》,载《法制与经济》2018 年第 3 期。

量刑区间时，由于该罪定罪标准不明，司法办案人员会舍弃该罪而以其他相关罪名认定。另一方面，当非法利用信息网络罪与其他重罪发生竞合时，因为要依照处罚较重的规定定罪处罚，所以只有当重罪出现无法追诉的情况才会适用该罪，此种情况下非法利用信息网络罪就变成了兜底罪名。① 立法目的与罪质理解的偏差，导致在出现竞合时法律适用问题就更加难以解决。

三、完善非法利用信息网络罪司法适用的路径

如上文所述，非法利用信息网络罪之所以出现司法适用混乱的情况，是因为该罪名一方面没有相关司法解释出台，另一方面该罪的立法目的、功能定位、入罪标准等诸多方面难以确定。针对这些问题，我们可以从罪质解读、法条解读、法益解读、竞合分析四个方面对该罪进行理论分析，以期通过法理解读来完善该罪的司法适用。

（一）罪质解读

1. 轻罪形态

非法利用信息网络罪的法定最高刑为三年有期徒刑，由此可见该罪为典型的轻罪。轻罪形态决定该罪相对于其他相关罪名处于次要地位，其保护的法益也应当是一般法益。因此，本罪是用来规范一般性的利用信息网络实施违法犯罪活动的行为。如果因该犯罪行为产生其他严重后果，则应当引用其他罪名进行规范。②

2. 独立预备犯

独立预备犯应当与其他犯罪的预备行为相区别，增设本罪是对危害性较大的一般网络犯罪预备行为进行实质处罚，对于实施特殊犯罪或危害更重的犯罪则应适用其他罪名。在司法实践中，本罪的适用必须要严格控制其适用范围，不能扩大解释也不能缩小解释，否则会导致本不该出现的法条竞合情况。其独立预备犯性质要求能独立处罚的情况下才独立处罚，不能独立处罚的情况下需要适用其他相关罪名。

（二）法条解读

1. "其他、等"适度扩张解释

本罪的行为方式中使用了"其他违法犯罪信息""等违法犯罪活动"，其中"其他"与"等"如何解释直接关系到罪与非罪、此罪与彼罪的问题。首先严格限制的解释是不合理的，因为非法利用网络信息形式具有发展性和不确定性，在法律条文中全面列举出来并不现实。如果解释仅限于《刑法》条文上已经明确的网络预备行为，则会事先排除了其他非法利用信息网络行为产生的社会危险性，实质上背离了立法本意。从罪责刑相适应原

---

① 参见丁瑶：《论非法利用信息网络罪的预备行为实行化》，载《武汉交通职业学院学报》2016 年第 3 期。

② 参见梁根林：《预备犯普遍处罚原则的困境与突围——〈刑法〉第 22 条的解读与重构》，载《中国法学》2011 年第 2 期。

则来看,应当进行适度的扩张解释。因为本罪的法定最高刑为三年以下有期徒刑,则其犯罪行为的危害性及应当承担的刑事责任应当为三年以下有期徒刑。在进行适度扩张解释时主要考虑犯罪行为是否处于三年以下有期徒刑的承载范围,如果其危害性超过该限度则应当排除在“其他、等”范围以外。

2.“情节严重”审慎解释

本罪中“情节严重”的解释争议最大,对定罪量刑产生的影响也最大,目前相关司法解释尚未出台,在司法实践中应当严格、审慎解释。在理解“情节严重”时首先要从三年以下有期徒刑的法定刑考虑,三年以下法定刑决定其犯罪情节应当具有一定社会危险性,如果不及时进行规范可能导致更加严重的犯罪后果。同时,设置“情节严重”的入罪情节主要是为了维护正常信息网络的运行秩序,将情节轻微无须处罚及行政法规处罚的一般行为排除在外。[①] 在司法实践中,建议司法办案人员在坚持罪责刑相适应的原则下,参照其他相关罪名三年以下有期徒刑的入罪标准,结合犯罪行为造成的社会危害、财产损失等方面进行判断,最大限度地保障该罪的准确适用。此外,建议最高人民法院、最高人民检察院尽快发布司法解释和指导性案例,从而对司法实践的运用起到有效的指导、引导作用。

3.“信息网络”的代际关系

《刑法》第 287 条规定:“利用计算机实施金融诈骗、盗窃、贪污、挪用公款、窃取国家秘密或者其他犯罪的,依照本法有关规定定罪处罚。”此条规定中的“计算机”与“信息网络”是何种关系?在司法实践中如何判断非法利用信息系统行为是独立犯罪行为还是利用计算机犯罪的手段?首先要从立法背景考虑,第 287 条属于典型的计算机技术犯罪,当时计算机发展处于起步阶段。但增加第 287 条之一时计算机技术飞速发展,信息网络发展与利用处于时代主流地位。所以增设第 287 条之一是为了弥补第 287 条的时代局限性。司法实践中,“信息网络”应当涵盖第 287 条的“计算机”,否则第 287 条之一就无法对第 287 条的预备犯进行独立处罚,不符合立法目的。

(三)法益解读

非法利用信息网络的本质是对一般性的网络安全与秩序的严重危害。具体来看,第 287 条之一中的“非法利用”是判断违法性的表述,这决定其违法的内容是一般性的违反国家规定。因此,该行为破坏的是基础性的网络管理秩序,并非网络市场秩序、网络财产安全等其他信息网络相关法益。整体意义上的网络安全是内容丰富的抽象概念,既包含一般性的网络安全秩序,也包含其他社会秩序在信息网络中的体现,如盗窃、诈骗等。相应地,如果非法利用信息网络行为侵害了一般性法益,则应当按照非法利用信息网络罪定性;如果侵害的法益涉及其他具体网络安全法益,则应当根据该罪第三款依照更重的

---

① 参见李成媛:《试论非法利用信息网络罪的预备行为实行化》,载《法制博览》2017 年第 11 期。

《刑法》规定定罪处罚。①

非法利用信息网络罪是我国未来网络犯罪的基础罪名。尽管本罪与第 287 条保护法益不同,但二者差别主要体现在计算机信息网络发展的时代差异上,随着时代的发展,非法利用信息网络罪会逐渐包含或取代第 287 条的计算机技术犯罪。因此,非法利用信息网络罪保护的法益会更加具有一般性和普遍性,它是其他网络犯罪罪名的保障性规定。与此同时,本罪无法包含那些危害信息网络安全根基、危害由网络延伸出的社会秩序稳定等一系列严重情形,这些超出一般信息网络安全秩序的法益应当由其他特定罪名来保护。

(四)竞合分析

《刑法》第 287 条之一第 3 款规定,"同时构成其他犯罪的,依照处罚较重的规定定罪处罚"。学界在探寻此罪的竞合问题时总是纠结于适用重法优于轻法的规定还是特别法优于普通法的原则,导致在实践中法律适用混乱。首先要说明的是该罪的立法本意在于实现积极的刑法危险控制,对危险性相对偏高的信息网络犯罪的预备行为采取实质处罚,其最高刑为三年有期徒刑,且规定了"情节严重"的入罪前提,这两点可以充分说明立法者试图通过限制该罪的适用范围来规避竞合问题。当竞合罪名处罚更重时,应当援引其他罪名,否则与第 287 条之一的偏低法定刑设置不相符。同时,为凸显新增第 287 条之一的导向作用,在量刑区间同为三年以下时,应当首先考虑援引该罪名。如果弃而不用,会导致立法的预期效果大大压缩。因此,对于竞合问题,我们可以得出两点结论,一是当其他相关罪名的量刑区间在三年以上时,应当按照该罪第 3 款规定依照处罚较重的规定定罪处罚。二是当其他相关罪名的量刑区间在三年以下时,应当适用非法利用信息网络罪。

① 参见张春:《刑法修正案(九)第二十九条规定的网络犯罪问题研究》,载《人民司法》2016 年第 19 期。

从检察环节谈错案成因及解决路径

吴晓敏*

摘要：冤假错案不仅严重侵犯了公民权益，给当事人及其家庭带来巨大痛苦，而且严重影响了司机机关的公信力。冤假错案的形成往往是多个因素交织在一起的结果，虽然证据收集、抓获嫌疑人在侦查环节，但作为"第二道工序"的检察环节，起着关键的审前过滤、法律监督作用。如果检察机关能够严格把关，冤假错案也不会进入下一步程序。本文将从检察环节分析冤假错案之成因，谈及折射出的深层次问题，并以问题为导向，探索如何严把事实关、证据关、法律关，以避免冤假错案。

关键词：错案　非法证据　证据审查　亲历性审查

一、错案成因分析

证据是诉讼的核心问题，冤假错案之所以发生，归根到底是案件事实证据的审查存在问题。从检察环节的角度，主要是审查证据不全面、不细致。

（一）对证据合法性不作审查，应当排除的非法证据未予排除

非法取证是刑事案件办理中的重大隐患，建立在违法基础上取得的证据好似流沙之塔。近年来纠正的刑事冤错案件中，大多在不同程度存在非法取证行为。作为检察机关，对证据的合法性审查不严不细，应当排除的非法证据没有予以排除，并将其作为定案的重要依据，同样是错案的重要成因。

【沈某某等三人寻衅滋事案】沈某某等三人因寻衅滋事罪被判处有期徒刑一年不等，上诉后维持原判。沈某某申诉，再审改判三人无罪。沈某某等三人均称自己口供系刑讯逼供而来，并提出明确的逼供人员、手段等。卷宗材料反映：三人被刑拘后均以辨认为由被带出看守所，有罪供述均是在看守所外形成。三人讯问笔录反映的讯问时间均为数小

---

* 吴晓敏，江苏省人民检察院第四检察部检察员。

时，而沈某某的讯问录音录像时长为 20 分钟，且录像背景与看守所实际环境不符。林某甲的时长为 9 分钟，林某乙的时长仅为 6 分钟。对于沈某某等三人多次提出被刑讯逼供的情况，录音录像存在的问题，检察机关一审、二审未予重视，仅凭侦查机关出具的一纸情况说明即作出不存在刑讯逼供的结论，使非法证据进入诉讼作为定案依据。

（二）对鉴定意见不作实质性审查

司法科学技术鉴定意见是重要的刑事证据，对于证明案件及被告人犯罪常常起到“一锤定音”的效果。目前存在过于相信鉴定意见、不做实质性审查的问题，尤其是对专业性较强的鉴定意见类证据的审查能力不足。有些无罪案件中公诉人员未能对鉴定意见的形式、内容进行细致审查，未能及时发现鉴定程序违法和内容矛盾，导致鉴定意见丧失证据能力和证明力。

【汪某某侵犯商业秘密案】汪某某因侵犯商业秘密罪被判处有期徒刑一年三个月，汪某某上诉，二审采纳检察机关意见改判无罪。该案中，原公诉机关对鉴定意见仅作形式审查，未对鉴定意见的客观性、合理性进行实质性审查，以致损失是否达到定罪标准留有疑点。本案涉及的商业秘密是钻机中的履带行走装置，侦查机关仅提供涉案履带总成的参数，并未提供相关图纸及配件清单。公诉机关对检材是否客观真实、是否具有同一性没有做实质性审查，对原始数据等没有调查，即采信了鉴定意见的结论。另外，鉴定机构将钻机整机的销售利润作为鉴定损失的依据，扣除动力系统后，损失达不到立案标准的 50 万元。审查起诉时未能发现鉴定存在的这一问题，错误地以鉴定作出的 60 余万元损失数额起诉，最终二审改判无罪。

（三）对证据间的矛盾不作分析，不予调查从而径行排除

梳理错案，不难发现虽然有一定证据指向被告人作案，但供述前后存在矛盾，横向比对供述之间、供证之间不能完全印证。部分错案中，原审检察机关未能审查出证据之间的矛盾，或者对发现的矛盾、案件的疑点不做调查取证即排除。在事实存在疑点、证据存在矛盾的情况下作出起诉决定，给案件质量留下隐患，并最终导致无罪判决。

【丁某某故意伤害案】丁某某因故意伤害罪被判处有期徒刑一年，丁某某不服两次上诉，二审最终改判无罪。关于丁某某是否实施了故意伤害行为，各证据之间均存在矛盾。首先，言词证据之间存在矛盾。丁某某一直否认自己踢人，其他言词证据均不能直接指向丁某某实施故意伤害行为。被害人妻子还提出反证，称高某刚回到家时称脚是崴的，到医院检查后才提到是丁某某踢的。其次，供述与鉴定意见矛盾。伤情鉴定书证实被害人左下肢损伤程度属轻伤，并无伤情形成原因分析。二审经文证审查，法医认为被害人腿部骨折呈纵向螺旋状，更符合扭伤的特征。原审对上述矛盾没有重视，轻易认定丁某某实施了故意伤害行为并提起公诉，最终二审法院改判无罪。

（四）对案件疑点不作深究

从近年来纠正的刑事错案来看，卷宗材料中或多或少地存在定罪的反证性证据或者

疑点,而对于这些有利于被告人的证据材料或者信息,大多数原审检察机关不同程度地发现了问题,但未能予以重视,并顺着疑点去深入查证并加以排除,最终酿成大错。

【孙某某涉嫌故意杀人案】孙某某涉嫌故意杀人案,一审判处死缓。孙某某没有上诉,死缓复核期间发回重审,后公安撤案。公诉机关在审查过程中注意到本案有两个疑点:一是被害人住处地上提取到一枚烟头来源不明。二是被害人内裤被扯断、上衣被推至胸部,很可能遭受性侵行为。据此要求公安机关补充侦查。公安机关反馈两份情况说明,其中一份称该烟头上检测出一男性DNA,但是未能与被害人的关系人比对出结果;另一份证实对被害人阴道拭子进行了鉴定,但是没有检出DNA数据。公诉部门承办人采信了这两份情况说明,以故意杀人罪对孙某某提起公诉。死缓复核期间,省法院承办人亲赴侦查机关,调阅公安机关自行保留的证据材料卷,得知公安机关曾从死者阴道拭子中检测出一男性DNA,经过比对与孙某某的DNA不符。该案出现重大疑点,省法院发回重审后公安机关撤案。

本案中,公诉机关已经发现了案件的证据问题。但仅限于询问侦查人员、调取公安机关的一纸说明材料,并轻易采信了情况说明,没有进一步审核是否有原始证据材料证明,即认为已经排除疑点,错误地提起公诉。

(五)法律适用错误

原审检察机关在事实认定和证据采信上并无错误,但对法律规定理解存在偏差,错误适用法律从而导致无罪。特别是在民事经济纠纷与刑事犯罪相互交错的领域,更容易出现此类问题。如何区分刑事犯罪与民事侵权的界限、把握刑法的谦抑性不仅是一个理论问题,更是一个技术问题,对办案人员的知识结构、办案经验、刑事政策把握能力都提出了较高要求。

【王某某聚众冲击国家机关案】王某某因交通事故及医疗纠纷,与亲属多人多次到政府机关上访。一审指控王某某构成聚众冲击国家机关罪,一审法院判处其有期徒刑五年。二审维持。经申诉,再审法院改判王某某无罪。原审公诉机关错误理解《刑法》第290条的规定,忽视了本案的案发起因,错误评判了危害后果。实际上,本案系王某某为达到赔偿目的而采取过激方式"维权",其行为虽在一定程度上干扰了政府机关正常工作秩序,并致一名安保人员轻微伤,但并未导致国家机关工作秩序无法进行,也没有造成严重损失,与聚众冲击国家机关罪的法定构成要件不符。原审公诉机关对该罪的构成要件理解有误,对刑法的谦抑性认识不准,使本可以采取行政处罚解决的问题错误适用刑法,导致错案发生。

二、折射的问题

(一)有罪推定未能根除,客观公正的理念没有树立

基于指控思维,部分公诉人忽视了无罪、罪轻证据。对被告人无罪、罪轻的辩解及辩

护意见重视不够,对瑕疵证据的补正不够,定罪量刑的关键证据补强不够,未能充分发挥审前过滤作用。对证据间的矛盾没有认真分析,重新调查取证加以排除,习惯向有利于定罪的方向进行解释。如对言词证据之间显而易见的矛盾解释为"正常记忆误差"等。尤其是对非法证据排除不力,给案件质量带来重大隐患。部分案件中对明确的逼供线索不予核实,仅凭侦查机关一纸情况说明认为没有非法取证情形,使非法证据进入审判环节,影响了案件的质量效果。

(二)部分办案人员能力欠缺,未能适应以审判为中心的诉讼模式

一是缺乏自行补证的积极性,自行调查取证的能力不足。由于人员、设备的限制,检察机关客观上缺乏有效的侦查措施。同时,自行调查取证必然花费更多的时间精力,占据本已紧张的审限。部分办案人员担心出现新的情况如证人翻证等无法驾驭,自行补查证据的积极性不足。二是审查判断证据能力不足。对非法证据缺乏甄别,对技术类证据缺乏实质性审查。习惯从有罪供述中去找其他能够与之印证的部分证据,忽视证据之间的矛盾。仅凭部分证据印证就认为全案事实清楚,证据确实、充分。

(三)检察机关内部案件质量保障机制没能有效发挥作用,维稳等外界因素影响案件处理

不可否认,集体讨论汇报在案件质量保障上发挥了积极作用。但司法活动具有亲历性,唯有亲自阅卷、提审、亲临现场、取证、谈话后才能下结论,避免"审者不判,判者不审"的尴尬局面。部分案件中,基于"命案必破"思维、"维稳"等外界因素影响了案件的正常处理。

三、解决途径

一审是基础,二审是关键。在一、二审环节,检察机关均需通过严格排除非法证据,补救瑕疵证据,补强关键证据,坚持证据裁判原则,加强对全案证据的审查判断。确保认定的事实"有据可查",全案证据能够形成锁链,排除合理怀疑,案件经得起时间和历史的考验。

(一)秉持客观公正理念

理念是行动的先导。我国台湾地区检察官林钰雄说过:检察院是世界上最客观的公署。检察官客观性义务,是指"检察官超越控方立场,坚持客观公正"。审查案件时应兼顾全案证据,兼听各方意见。既关注有罪证据,又关注无罪、罪轻证据。既审查在案证据,又注重听取被告人辩解和辩护人的意见,从而双向检验证据体系的完整性,为案件质量提供"双保险"。如果确实无法排除事实疑点和证据矛盾且动摇指控体系,即使存在有罪供述和其他支持定罪的证据,也应摒弃定罪追诉思维,按照排除合理怀疑的要求和疑

罪从无的原则，作出无罪认定。[①]

（二）严格细致审查证据

证据是案件质量的基础保证，通俗来讲，打官司就是打证据。只有对在案证据严格审查，对证据的合法性、真实性、关联性再审视、再过滤、再把关，才能将同时具备证据能力和证明力的证据，架构起证据锁链来证明案件事实，防范冤假错案，确保案件质量。

1. 严格排除非法证据

严格按照《刑事诉讼法》及相关司法解释的要求审查是否存在刑讯逼供、违法取证情况。被告人只要提出明确的线索（时间、地点、人员、方式等），核实的义务在控方。这种线索不需要达到确实充分的程度，只要引起合理怀疑、动摇内心确信即可。特别是被告人提出明确的逼供线索、多人反映逼供的手段一致时更要高度重视、谨慎对待，该排除的一定要排除，防止非法证据进入庭审阶段。

具体而言，一是按照被告人辩解积极调取证据、材料。按照《刑事诉讼法》及相关解释的规定调取看守所体检表、找同监室人员、看守所管教谈话、申请侦查人员出庭作证、调取人民监督员笔录等。二是认真审查同步录音录像。镜头下的监督能够完整真实反应讯问全貌。看讯问过程是否完整，讯问是否全程都有录音录像。当事人神态是否自然，精神是否良好，是否如笔录开头记载的那样“身体正常，头脑清醒，可以接受讯问”。有无提供正常饮食，保障其必要休息。讯问结束时有无核对笔录，有无修改并签字捺印。[②] 三是调取不同阶段的审讯笔录、自书材料等。如批捕阶段、一审起诉阶段、人民监督员、纪检监察、侦查指挥中心提审笔录等，不同的诉讼阶段由于更换了办案人员，刑讯逼供的波及力已经不复存在，被告人仍然作有罪供述，可以作为证据使用。

2. 加强对技术性证据的实质审查

对鉴定意见等技术性证据，不仅要开展程序性审查，审查提取、保管、称送等是否符合技术规范，审查鉴定机构资质、鉴定人员资质是否符合要求，更要注重实质性审查，审查鉴定程序、鉴定方法、鉴定意见得出的依据是否合理科学。必要时，承办人应进行调查

---

① “无罪推定的核心在于给被告人设置一个对等的诉讼地位，使其面临国家的刑事指控时有充分的抗辩机会，以排除司法过程中的恣意因素，保证司法判断的客观和公正，从而保障其合法权益不受侵害。”载姜兴长：《以社会主义法治理念为指导　坚持依法审理刑事案件　保证刑事案件尤其是死刑案件的办案质量》（在2006年最高人民法院第一期刑事审判高级法官培训班上的授课讲义）。

② 赵某受贿案，赵某在自书材料中承认所有受贿事实，但观看同步录音录像，赵某在书写之前，一直否认收受王某某等人贿赂事实，称“所有证据都说我拿的，我只能认，没办法的事，说多了也不好”，不排除认命，争取好的态度而违心书写的可能。而就在书写材料后侦查人员依然对其进行了长时间的教育。赵某是否在压力之下所作的违心之言无法排除合理怀疑，自书材料的真实性存疑。后法院认为“自书材料中关于收受王某某等人贿赂内容的真实性不能排除合理怀疑，不应采信为定案证据”。

核实,开展专业咨询,或聘请专家协助审查。①

3. 注意发现证据之间的矛盾和案件疑点,积极调查取证并加以排除

一是对案件的重大疑点要有穷追不舍的态度。不能仅依靠侦查机关的一纸说明加以排除,必须核实情况说明后面的原始记录及材料。如命案中对被害人体内提取的体液检测结果必须追问到底。即使没有检测出 DNA,但也应该有具体的鉴定意见或者其他证明进行检测工作的材料,不能仅凭情况说明就认为疑点已经排除。二是认真审查证据之间的矛盾。首先,审查单个证据的前后变化情况,供述的作案工具、杀人手段、抛尸经过等前后有哪些不同,是否存在重大差异。其次,进行横向比对,审查证据之间是否存在矛盾,矛盾是否为根本性的矛盾,能否合理解释,是否足以动摇整个指控体系。针对被告人的辩解、证据之间的矛盾和案件疑点进一步调查取证,如果穷尽所有的工作仍然不能排除合理怀疑的话,应当秉持疑罪从无的原则,实事求是地作出有利于被告人的认定。

(三)加强亲历性审查

书面审查本身具有封闭性、静态性,当存在刑讯逼供等非法取证情形,特别是侦查机关隐匿证据的情况下很难发现案件事实真相,故有必要跳出书面审查的局限再次核证,增强司法者的亲历性。一是加强现场复勘。复勘现场在于犯罪场景重现,进一步了解案发当日现场情况,与被告人供述的细节能否印证,辩解是否合理,最大限度地发挥"沉默的现场证人"的作用。如张某某抢劫、诈骗案,该案缺少直接指向其作案的客观证据,张某某全盘翻供。针对证据缺陷,公诉人多次会同办案民警赶赴作案地、丢弃被害人物品地实地查看、寻找被害人物品,最终在一浴池下水道内提取到高度隐蔽的物证——被害人的银行卡,成为锁定张某某作案的关键证据。二是强化对关键言词证据的直接查证。除依法讯问被告人,听取辩护律师意见外,应直接询问目击证人、被害人死因鉴定人、专家证人等,以便鉴别证言真伪和鉴定意见的科学性。亲自询问证人能够挖掘到更多的细节,继而增强内心确信,且证言是否确实是证人真实意思表示,亦是直接言词原则的体现。

---

① 郭某某抢劫案,一审认定郭某某抢劫杀人后抛尸,判处其死刑立即执行。尸检报告证实死者左眼睑、眼球缺失系带有尖端的锐器形成,但郭某某从未提及曾用匕首刺戳被害人眼部,供证之间存在矛盾。二审检察员没有轻信尸检报告的结论,对眼球缺失原因提出质疑,并进一步咨询省厅法医。法医解释:死者左眼局部似锯齿状且有多处短条形表皮缺损,符合死后被小型动物或昆虫噬食、啃咬所致。之所以左眼球缺失,因尸体左面部并没有淹没于水中,左眼在现场处于"暴露"状态。而眼部皮肤是全身皮肤最薄的部位,容易遭到小动物如鱼类的噬咬、噬食侵害。二审开庭时申请省厅法医出庭作证,法医当庭解释了死者左眼球缺失的原因。该案中,二审检察员对鉴定意见进行了实质性审查,通过咨询专家证人、申请法医出庭作证等方式排除了案件疑点。二审法院最终认定郭某某抢劫杀人事实。

审判中心视野下的检察引导侦查取证机制探索

王　勇　朱林林　陈　硕*

摘要:推进以审判为中心的刑事诉讼制度改革,需要将侦查阶段与审查起诉阶段作为共同的“审前程序”,侦查为公诉之准备,公诉指导、监督和制约侦查取证。实践中检察引导侦查取证的成功做法应为法律所认可。要明确检察机关在审前程序中的主导地位,强化侦查监督与动态制约机制。检察机关应树立及时介入侦查的理念,构建“大控方”格局,善于发挥自行补充侦查在审前程序中的关键作用。

关键词:审前主导　引导侦查调查取证　自行补充侦查　实践

推进以审判为中心的诉讼制度改革,是党的十八届四中全会为完善现行的刑事诉讼程序作出的重要决策。为落实以审判为中心,需要树立检察引导侦查为主、检察自行补充侦查为补充的审前准备理念,将侦查与审查起诉作为共同的“审前程序”,做实“大控方”格局。相对于检察机关自行侦查的补充性,审前引导侦查具有基础性作用——侦查为公诉之准备,公诉指导、监督和制约侦查阶段的调查取证。本文结合苏州地区基层检察院的探索,总结实践中检察引导侦查取证的成功做法,并提出完善建议。

一、现状观察:当前诉侦关系状况及困境

侦查程序的目的可以界分为三个层次:直接目的是寻获证据、查缉甄别犯罪嫌疑人;深层目的是衔接起诉、提升公诉质量和效果;根本目的则是规制侦查权力、保障公民权利。①我国当前刑事诉讼制度中,很多侦查行为并非依照上述侦查程序的目的进行展开,

---

* 王勇,江苏省苏州市人民检察院第四检察部主任,全国检察业务专家;朱林林,江苏省苏州市人民检察院第三检察部检察员;陈硕,江苏省苏州市人民检察院第四检察部检察官助理。本文系2018年江苏省人民检察院检察理论研究课题“检察机关补充侦查权研究”(课题编号:SJ201810)的部分研究成果。

① 参见卞建林:《论我国侦查程序中检警关系的优化——以制度的功能分析为中心》,载《国家检察官学院学报》2005年第2期。

也未能实现上述目的追求，导致现行诉侦关系中存在不适应“以审判为中心”的诉讼制度而出现种种弊病。

（1）侦查程序的封闭性，使得检察机关对侦查机关的“制约”无从落实。“中国侦查案卷的形成是封闭的、单方面的，案卷的形成是由侦查机关单方、独自形成的，检察官、法官与律师基本被排除在外。这种单方、封闭式的侦查卷宗形成模式存在一个巨大的风险，那就是卷宗中的证据材料的合法性、真实性、客观性均值得怀疑。”①

（2）侦查机关全面、及时、规范地获取证据的意识不强。实践中，侦查机关更关注“抓人破案”而忽视“证明犯罪”，忽视全面、规范地收集、运用证据去证实犯罪嫌疑人实施了犯罪行为，导致检察机关刑检部门补充侦查比例较高。

苏州地区基层检察院审查起诉环节补充侦查情况一览表

年份	受案数	自行补充侦查		退回补充侦查		一次退回补充侦查		二次退回补充侦查	
		案件数	占比	案件数	占比	案件数	占比	案件数	占比
2013	12801	147	1.1%	4235	33.1%	3237	26.0%	998	7.8%
2014	12455	195	1.6%	4385	35.2%	3343	26.8%	1042	8.3%
2015	13543	283	2.1%	3255	24.0%	2521	18.6%	734	5.4%
2016	13628	292	2.1%	2756	20.2%	2159	15.8%	597	4.4%
2017	15193	367	2.4%	3414	22.5%	2608	17.2%	806	5.3%

统计数据显示，检察机关审查起诉阶段退回侦查机关补充侦查的比例（以下简称退查率）不容乐观，退查率常年保持在20%以上的高位，其中2014 年退查率为35.2%，当年度苏州市某一基层院刑事公诉案件的退查率更是高达42.8%。

（3）侦查为起诉做准备、侦查为起诉服务的理念尚未形成，造成刑事诉讼效率较低。当前，不少侦查人员习惯将侦查和起诉视作分离的两个阶段，忽视双方共同承担指控犯罪之职责，甚至个别侦查机关不接受退查或接受退查却不去实质性开展补查活动，推诿扯皮，致使不少案件出现“既不敢放人，又不能终结诉讼”的两难境地。

（4）检察机关缺乏监督制约侦查活动的有力措施。受一切为了查明犯罪的刑事诉讼观念影响，我国刑事诉讼法律赋予侦查机关广泛而强大的侦查权限，除逮捕以外，无论是对公民财产的搜查、扣押、查封，还是对公民人身的拘留、监视居住等，侦查机关都可以自行决定、自行实施。由于缺乏法律授权和操作细则的相关规定，检察监督侦查的效果不甚理想。

① 参见李勇主编：《审查起诉的原理与方法》，法律出版社 2015 年版，第 171 页。

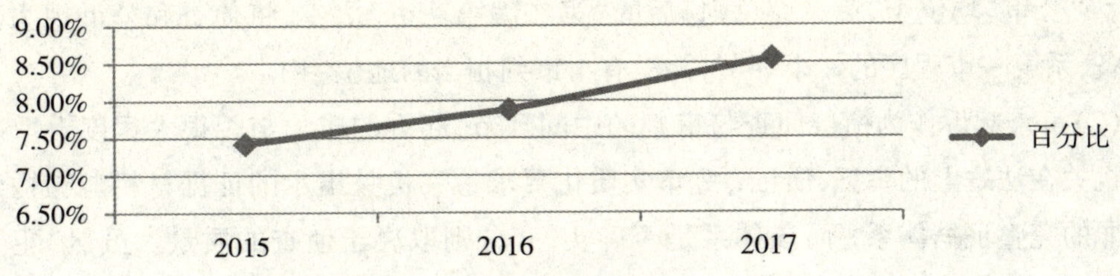

苏州公诉部门近三年排除非法证据工作
在自行补充侦查工作中的占比图

统计显示，近年来，苏州检察机关为排除非法证据而进行的自行补充侦查工作不断增加，这是因为我国刑事诉讼非法证据排除体系不断完善，取证合法性要求不断提高，但侦查机关在实践中的认识却未达到相应高度。如苏州市某基层院在办理朱某故意杀人案件时，通过提审犯罪嫌疑人发现可能存在非法取证线索，又经审查同步录音录像后，发现侦查人员在审讯中采用了辱骂、体罚行为。该院随后经自行补充侦查，最终认定侦查人员存在非法取证行为，排除了犯罪嫌疑人朱某的有罪供述，并对侦查机关提出书面纠正意见。

二、现实需求：构建“以审判为中心”下的新型诉侦关系

我国现行刑事诉讼程序是以诉讼阶段论为理论基础加以建构的，但“以审判为中心”的诉讼结构强调的是以现代刑事诉讼的三角结构来构建控辩审三方关系。这就要求原本相对独立的侦查阶段与审查起诉阶段应当作为整体共同承担控诉职能。

(1)侦查、审查起诉、审判是正向递进关系，侦查、审查起诉共同构成审前程序。有的学者因侦、诉、审三项职权分工在实现无罪推定等刑事司法价值目标上具有重要作用，而不赞同侦查服务于公诉的“公诉准备说”。[①] 这种观点忽略以审判为中心正是要以诉讼的方式来更好地保障人权，其制度设计将培育出一个与控方力量基本平衡的辩方，侦查机关启动程序并不一定意味着最终会得到法院生效判决的认定，法院根据控辩双方的平等对抗从而中立地作出裁判。本文认为，侦查和公诉统一于控方这一角色，并不会破坏控辩审三角的平衡架构，更不会影响无罪推定原则的贯彻。侦查为公诉之准备，审前程序为审判程序之准备，这在域外刑事诉讼制度中并不鲜见。例如，德国《刑事诉讼法典》将公诉规定在第一审程序中，而将侦查作为公诉之准备。在第一审程序中，审判为主要程序，公诉为预备程序，连接预备程序与主要程序的是中间程序，即对公诉的审查和裁判是否开始审判程序。[②] 日本和韩国《刑事诉讼法典》中的编排也存在相同之处，其“侦查”

---

① 参见杨宗辉、周虔：《“检警一体化”质疑》，载《法学》2006 年第 5 期。

② 参见《德国刑事诉讼法典》，李昌珂译，中国政法大学出版社 1995 年版。转引自卞建林、谢澍：《“以审判为中心”视野下的诉讼关系》，载《国家检察官学院学报》2016 年第 1 期。

“公诉”“公审”均位于“第一编总则”后的“第二编第一审”之中，将侦查和公诉视为公审之准备，系第一审程序的一个环节，并没有与审判相当的地位。①

（2）审查起诉作为衔接侦查与审判的中间环节，起诉的成功与否很大程度上取决于检察机关在法庭上的举证、质证，庭审实质化要求检察机关出示的证据材料能够构建指控犯罪的完整证据体系，而该体系是否确实、充分则取决于侦查的质量。虽然“犯罪事实清楚，证据确实、充分”是对侦诉审三机关同样适用的证据标准，但实践中还是存在证据标准从侦查到起诉再到审判一路“走高”的趋势。庭审的实质化使得公诉人最早感受到以审判为中心之下的证据压力，要较好地完成控诉职能就要求公诉人在审前程序中就将审判所需要的证据标准传导至侦查机关。由此，诉讼阶段论意义上的侦查阶段与审查起诉阶段，得以向“以审判为中心”视野下的“审前程序”转变，而承认检察机关对侦查机关的引导或指挥作用已成为一种国际惯例，无论是检警分立的国家，还是检警结合的国家，均认可该类引导或指挥作用。

（3）检察机关审查模式的转变，要求强化检察引导侦查取证。犯罪是一件发生在过去的事件，检察官仅能借由犯罪发生时遗留下来的证据“碎片”进行“拼接”“组合”，尽最大努力还原案件本来面目。受制于时间间隔，犯罪嫌疑人的反侦查意识，证人的感知能力、表达能力及客观公正程度，司法人员的素质能力水平等多方面因素的制约，还原事实难度极大。作为法律守护者的检察官为尽可能准确认定事实，必须转变案件审查方式，重视亲历性审查，不仅要认真审查“在卷证据”，而且要能够突破有限的案卷材料，注意发现和审查“在案证据”。实践中，侦查机关移送的案卷材料是经由侦查人员主观判断取舍之后形成的证据材料，往往只是整个案件事实的部分反映。刑事检察承办人为全面掌握“在案证据”，介入侦查取证程序，了解、掌握侦查取证的全面信息就十分有必要。

（4）检察机关审查起诉阶段退回补充侦查或自行补充侦查，难以取代诉前的检察引导侦查取证。侦查程序是一个独立的诉讼阶段，由于不直接面对审判这一程序，侦查人员往往缺乏从起诉、审判的角度进行取证的内在动力，尤其在案件批准逮捕之后，不少侦查人员认为案件取证工作已经“案结事了”，不少侦查机关消极对待侦查取证，常常直接以批准逮捕的标准移送起诉。如果审查起诉阶段退回补充侦查，或者在审判阶段再补充侦查，既会因为错过最佳取证时机而影响取证效果，也会因此造成司法资源的浪费，降低了诉讼效率。通过检察机关的诉前介入引导侦查取证，可以密切侦查机关和审判机关的联系，强化侦查审判之间的信息交换，促进侦查机关打破“闭门取证”，更加有针对性地收

---

① 参见《日本刑事诉讼法》，宋英辉译，中国政法大学出版社 2000 年版；《韩国刑事诉讼法》，马相哲译，中国政法大学出版社 2004 年版。转引自卞建林、谢澍：《“以审判为中心”视野下的诉讼关系》，载《国家检察官学院学报》2016 年第 1 期。

集、调取证据，节省有限的司法资源，提高司法效率。

(5)构建引导侦查取证机制是强化侦查调查监督的需要。检察机关除控诉职能外，还具有监督职能，但由于侦查程序的高度封闭性，检察机关的侦查监督针对的往往是提请批捕或侦查终结的案件，更多的是被动和事后的监督，而不是全程和实时的监督，监督效果受到限制。通过检察引导侦查取证机制，可以实现对侦查取证行为的全过程动态监督，对侦查部门在取证活动中是否存在刑讯逼供、暴力取证、徇私舞弊、超期羁押等违法行为全程把控，引导相关机关正确开展侦查调查活动，严把案件质量关，确保取证合法性、准确性。

三、实践摸索：建立检察引导侦查取证机制

在以审判为中心的制度背景下，检察机关承担着指控犯罪的主体作用、关键作用，但检察机关在法庭上的举证、质证是否确实、充分则取决于作为侦查机关的取证质量。为适应以审判为中心的诉讼制度改革，充分发挥检察机关审前过滤功能，防止案件“带病”进入审判程序，近年来苏州市检察机关以对侦查机关侦查取证的引导和对侦查活动的监督并重为立足点，尤其是2018年结合最高人民检察院张军检察长组建专业化刑事办案机构，统一履行审查逮捕、审查起诉、出庭支持公诉、刑事诉讼监督等职能的改革要求，主动将“检察引导侦查”与“捕诉一体”两项改革纳入一体谋划，探索运行诉前引导侦查取证模式，为构建新型诉侦关系进行有益尝试，其中以昆山市的探索为代表。

(一)昆山市检察引导侦查取证模式简介

昆山市人民检察院通过在当地公安局设置驻点办公室的方式，从刑事检察部门选派具有丰富办案经验和业务能力的员额检察官每周至驻点办公室轮流值班。值班期间，员额检察官对公安机关拟移送检察机关审查起诉的全部案件进行书面审查，根据庭审证据裁判标准对一些不适合移送审查起诉的案件提出暂不移送审查起诉的建议，同时提出进一步侦查的方向和补充证据的建议。

该模式与常规提前介入引导侦查方式的差异主要有：

1. 提前介入的范围具有广泛性

当前一般的提前介入模式几乎均以重大、复杂的个案沟通协调为主，是一种点对点的引导模式。昆山市检察院则是通过设置驻点办公室的方式，对侦查机关所有移送审查起诉的案件均提前进行把控，实现了引导侦查取证的全覆盖，全面把控刑事案件质量。

2. 提前介入的方式上具有多样性

常见的提前介入引导侦查取证的方式主要是跟从侦查机关办案，如参与案件讨论、旁听讯问犯罪嫌疑人或询问证人、被害人、参加勘验、检查等。相比之下，昆山市模式除可以运用上述方式外，还对侦查机关准备移送的刑事案件的侦查报告进行提前审查，对侦查机关办理刑事案件的证据体系上进行了提前的梳理、掌握。

3. 提前介入的启动具有主动性

长期以来，检察机关提前介入，以侦查机关邀请为主要启动方式，且以侦查监督部门为主要介入主体，检察机关处于被动地位。昆山市模式则具有主动性，无须侦查机关针对个案发起邀请介入。而且以公诉部门为介入主体，更好地将法院裁判证据标准传导给侦查机关。

（二）昆山市人民检察院运行检察引导侦查取证机制取得的效果

昆山市刑事案件数量常年保持高位，案多人少矛盾较为突出，自 2017 年 4 月该模式施行 7 个月（数据统计时间为同年 4 月 1 日至 10 月 31 日），即取得较好效果。

1. 办案节奏加快、退查率下降，诉讼效率得到保障

（1）个案办理时间大幅缩短。2017 年 4—10 月，昆山市人民检察院共受理公诉案件 1609 件 2095 人，平均办案时间为 31 天，与 2016 年同期平均办案时间 59 天相比，效率提高了 47.5%。其间，共对 126 件案件提出补证建议，积极引导侦查机关侦查。

（2）案件退查率大幅下降。其间，一次退查重报后提起公诉 151 件 207 人，占全院受理公诉案件的 9.4%，与 2016 年同期占比 14.5%，下降了 35.2%；二次退查重报后提起公诉 14 件 28 人，占比 0.87%，与 2016 年同期占比 3.9%，下降了 77.7%。

（3）诉讼资源高效利用，彰显检察贡献。在新的办案模式下，原来一些需经过退查才能够解决的事实、证据问题，能够在移送起诉前得到及时有效解决，避免通过退回补充侦查重新取证。在一些重大敏感案件中，甚至在公安机关立案侦查阶段初期就妥善应对，及时回应社会关注。如昆山“8·27”于海明正当防卫案——2018 年 8 月 27 日 21 时 36 分于海明案案发，依托检察引导侦查协作机制，昆山市人民检察院在 23 时就接公安机关通知提前派员介入该案，随后苏州市人民检察院也同步介入该案侦查。在该案侦查过程中，苏州两级人民检察院刑事检察部门与公安机关会商研究，针对本案提出十二个方面补查意见，及时完善案件的证据体系。苏州市人民检察院执笔起草两份通报，向公众介绍了案件的起因、经过、结果等涉案人员基本情况，详细分析了案件的定性和理由，并对舆论最关注的问题作出了一一回应，得到了社会各界的一致好评。最高人民检察院、江苏省人民检察院主要领导对苏州刑事检察部门提前介入、引导侦查工作表示充分肯定。

2. 传导证据标准，过滤瑕疵案件效果明显，案件质量得到提升

通过事先审查，昆山市人民检察院公诉部门在 8 个月内先后针对 126 个瑕疵案件提出书面引导侦查取证意见。该检察院提起公诉案件在审判阶段进行补充侦查的数量占比由 2016 年同期的 0.93% 降至 2017 年的 0.62%，比例下降 33%，凸显出审判阶段的证据裁判标准在诉前得到更好的传导和贯彻。

（三）面临的问题和障碍

昆山市人民检察院自试行引导侦查取证机制以来在提升案件侦查取证质量、提高办案效率等方面取得了较好的效果，但也存在引导侦查依据不足、缺乏可复制可推广性等问题。

1. 昆山市模式对刑事诉讼法律体系进行突破性尝试

2015 年 7 月最高人民检察院《关于加强出庭公诉工作的意见》第 3 点关于“积极介入侦查引导取证”规定“对重大、疑难、复杂案件，坚持介入范围适当，介入时机适时，介入程度适度原则，通过出席现场勘查和案件讨论等方式，对收集证据、适用法律提出意见，监督侦查活动是否合法，引导侦查机关(部门)完善证据链条和证明体系。”相比于该规范性文件的要求，昆山市模式具有一定的突破性。

首先，其超出“重大、疑难、复杂”的案件介入类型限制，对侦查机关将移送的全部刑事案件提前介入。其次，其突破了“适当、适时、适度”的介入原则，是通过统一的标准对整体的介入工作进行宏观上的把控。最后，其不仅采用了最高人民检察院《关于加强出庭公诉工作的意见》规定的“出席现场勘查和案件讨论等”介入方式，还直接查看侦查机关侦查报告，通过对侦查报告的审查，发现证据链条和证明体系中的缺陷、不足，进而提出相应意见和建议。

2. 昆山市模式存在一定的不可复制性

首先，昆山市常年案件数量多、办案压力大，案多人少矛盾较为突出，检察机关和公安机关均有提高办案效率、节约诉讼资源的需求，因此公安机关、检察机关两家均有革新的压力。其次，基于同向的业绩考核目标，公安机关、检察机关两家均有革新的动力。最后，不容否认，公安机关、检察机关两家主要负责人的共识也是该模式得以施行的现实基础。

四、优化完善：建立检察引导侦查调查取证机制，突显检察机关审前主导地位

(一)进一步强化检察引导侦查调查取证的基本理念

侦查是整个刑事诉讼的起点，“错误裁判最大的肇因乃错误侦查，再好的法官、再完美的审判制度，往往也挽救不了侦查方向偏差所造成的恶果”。[①] 在侦查阶段，检察官要树立及时介入的理念，将侦查调查与审查起诉统一起来，“把检察官与警察统一于共同的追诉任务之中，可以实现追诉主体优秀侦查能力与良好法律素质的结合。即警察机关具有优秀的侦查人员、先进的侦查技术和丰富的侦查经验，而检察官则具有良好的法律意识和专业的法律水平，能够更好地处理侦查中的法律事务，以公诉人的职业眼光去评判证据，在侦查中指导警察正确合法地开展证据的收集和保全”，[②]形成打击犯罪合力。

(二)明确检察引导侦查取证的法律地位

当前检察引导侦查取证工作机制缺乏法律的明确确认，主要依据是最高人民检察院

① 参见林钰雄：《刑事诉讼法》(上)，中国人民大学出版社 2005 年版，第 104 页。

② 参见卞建林：《论我国侦查程序中检警关系的优化——以制度的功能分析为中心》，载《国家检察官学院学报》2005 年第 2 期。

制定的部分规范性文件，刚性不足，建议以立法、司法解释等形式，赋予检察引导侦查取证活动刚性。如建立检察对侦查活动的同步监督机制，包括检察机关对侦查机关重大立案侦查案件的知悉权，通过备案或数据共享信息化机制，使得检察机关能及时掌握相应辖区内发生的重大案件；确立检察机关诉前介入审查权，即在侦查机关立案侦查后、移送审查起诉前，检察机关就同步指定承办人，对案件的侦查方向、取证行为进行指导；确立检察机关对侦查机关的调卷、阅卷权。

（三）明确检察机关对侦查人员违法、消极侦查的制约和惩戒力量

一项制度如果仅规定行为规范，却没有违反规范的后果和责任，那么这项制度的生命力是岌岌可危的。“建立一种毫无约束力的，没有任何程序后果的引导、指导，一旦检警关系紧张时它是毫无意义的。”①如在日本，司法警察对于检察官的指示或指挥必须服从，如无正当理由不服从时，检察官虽不能直接处分，但可以向该司法警察所属的主管机构提出惩戒或罢免该司法警察的诉求。建议借鉴域外法治国家经验，赋予检察机关对违法或消极侦查行为的制约手段，授予检察机关在特定情形下，可以对侦查人员提出批评、警告、停止侦查及建议侦查机关给予行政处分的权力。

---

① 参见周口市人民检察院：《“检察指导侦查”研讨会观点摘编》，载《国家检察官学院学报》2002 年第 5 期。

“捕诉一体”改革背景下检察机关提前介入制度的发展与完善

周绪平　钱林梓*

摘要：提前介入是检察机关实践中较为普遍的做法，是检察机关积极履行侦查监督职能，提高侦查质量和诉讼效率的必然要求。作为传统警检协作机制，在“捕诉一体”改革背景下，检察机关提前介入制度迎来新的机遇和挑战，同时也面临着介入程序不规范、介入程度难把握、监督力量不足等现实困境。实现新形势下提前介入的困境突围，需要从完善启动模式、规范介入程序以及强化监督刚性等方面着手，逐步构建起满足现实办案需求和契合捕诉一体改革的新型检察机关提前介入机制。

关键词：捕诉一体　提前介入　规范程序　完善路径

检察机关提前介入制度，是各级检察机关在长期司法实践中，逐步摸索总结出来的一种有效监督侦查活动、提高侦查效率的警检协作机制，在司法活动中展现出旺盛的生命力，也受到了最高人民检察院、公安部的认可。当前，检察机关“捕诉一体”改革背景下，提前介入制度需要进一步明确定位、规范程序、强化监督，以保障司法活动顺畅运行。

一、检察机关提前介入制度的理论基础

（一）检察机关提前介入制度的确立

检察机关提前介入制度是指人民检察院在受理公安机关提请批捕、移送起诉的重大刑事案件前，必要时派人参与公安机关的侦查活动，熟悉案情，发现并共同研究、解决问题，为审查批捕、起诉做好准备的一种做法，是在改革开放初期整顿社会治安中总结出来

* 周绪平，江苏省丹阳市人民检察院党组书记、检察长；钱林梓，江苏省丹阳市人民检察院第一检察部书记员。

的一条经验，简称“提前介入”。[①] 1988 年最高人民检察院会同公安部出台了《关于加强检察、公安机关相互联系的通知》，同年全国检察机关提前介入侦查活动达到 16950 多次。[②]《刑事诉讼法》(1996 年)首次提出“……必要的时候，人民检察院可以派人参加公安机关对于重大案件的讨论”。[③]《刑事诉讼法》的上述规定，为检察机关提前介入侦查提供了法律依据，也使提前介入制度最终被确立。实践过程中，检察机关也在不断完善提前介入制度，《人民检察院刑事诉讼规则(试行)》(2012 年)对此进行了规定。[④]

不同时期，我国检察机关提前介入制度的侧重点有所不同。20 世纪 80 年代实行的提前介入制度，其侧重点更多体现在打击犯罪方面，主要是协助公安机关更好地取证，加强检警工作沟通交流。而在《人民检察院刑事诉讼规则(试行)》(2012 年)中，检察机关提前介入制度的侧重点则体现为对于侦查活动的监督。从“提前介入”概念的提出到实践推行的发展轨迹，可以看出检察机关提前介入侦查活动，是侦查监督权的具体体现，是检察机关作为法律监督机关的应有之义。

(二)“捕诉一体”改革背景下检察机关提前介入制度的价值

近年来，在司法体制改革尤其是检察机关“捕诉一体”改革背景下，提前介入制度迎来新的机遇。在“捕诉一体”改革背景下，同一案件的审查逮捕与审查起诉由同一名检察官负责，不仅能够提升办案质量和效率，而且可以强化侦查监督以及实现对侦查活动的有效引导。此外，在检察官办案责任制背景下，由办案能力较强、经验丰富的检察官提前介入，也能保证引导侦查工作的质量。

1. 有利于办案质量和效率的提升

实践中，运用提前介入制度的案件往往能够实现快速批捕和起诉，办案质量和办案效率有效提升。以江苏省丹阳市人民检察院为例，2016 年受理批捕案件 417 件 560 人，其中批准逮捕 320 件 429 人，逮捕率为 76. 73%，而提前介入案件为 18 件，批捕率为 94. 44%；2017 年受理批捕案件 483 件 591 人，其中逮捕 386 件 468 人，逮捕率为79. 91%，而提前介入案件为 17 件，逮捕率为 88. 23%；2018 年受理批捕案件 558 件 785 人，这其中批准逮捕 476 件 648 人，逮捕率为 85. 3%，而提前介入案件为 21 件，逮捕率为 95. 23%。通过上述数据，不难看出提前介入制度在提升办案效率和办案质量上发挥着重要作用。

2. 有利于司法公信力的增强

公安机关在侦查活动过程中，出于工作需要，往往需要对诸多事项进行保密，无法向

① 参见李志华：《人民检察院的“提前介入”应在法律中明确规定》，载《法学评论》1988 年第 3 期。

② 详见《最高人民检察院工作报告》(1989 年第七届全国人民代表大会第二次会议)。

③ 详见《刑事诉讼法》(1996 年)第 66 条，《刑事诉讼法》(2012 年)对该条文的内容并未修改。

④ 《人民检察院刑事诉讼规则(试行)》(2012 年)第 361 条规定，“对于重大、疑难、复杂的案件，人民检察院认为确有必要时，可以派员适时介入侦查活动，对收集证据、适用法律提出意见，监督侦查活动是否合法”。第 567 条规定，“人民检察院根据需要可以派员参加公安机关对于重大案件的讨论和其他侦查活动，发现违法行为，情节较轻的可以口头纠正，情节较重的应当报请检察长批准后，向公安机关发出纠正违法通知书”。

社会大众公开。然而,越是严格保密,越是容易让人怀疑侦查活动是否存在违法行为。同时,近年来不少冤假错案的曝光,导致人民群众对侦查活动抱有怀疑态度。而检察机关作为法律监督机关,提前介入,指导、监督侦查活动,可以充分打消群众顾虑,使案件进展更为顺利,取得更好的社会效果。如昆山反杀案①,该案中检察机关提前介入工作动作迅速,适用法律精准,有效提升了司法权威,增强了司法公信力。

3. 有利于实现打击犯罪与保障人权的并重

从打击犯罪的角度看,在案件侦破过程中,公安机关和检察机关对证据的搜集侧重点并不一致。在"捕诉一体"改革背景下,检察机关可以有针对性地指导公安机关收集诉讼所需要的相关证据,在案件办理的最初阶段就可以完整了解案件全貌,为后续的批捕和起诉工作打下坚实的基础。从保障人权的角度看,在侦查阶段,检察机关提前介入可以更好地防止侦查活动中侵犯犯罪嫌疑人人权的情形发生。检察机关通过口头和书面纠违,可以督促公安机关规范侦查行为,严格遵守《刑事诉讼法》的要求,规范办案,使得案件在后续处理上更加顺利。

4. 有利于检警关系的完善

长期以来,我国检察机关专注于起诉,属于追诉中的法律专家角色,而公安机关专注于侦查,属于技术专家角色。② 二者分工不同,工作各有侧重。检察机关介入侦查引导取证实际上是检警关系的微调,不仅远未上升到动摇当前检警关系的程度,而且是对警检关系的一次调整和完善。检察机关提前介入的目的是引导取证,检警之间的紧密交流并非仅在我国存在,在世界上大多数国家同样普遍存在。大陆法系诸多国家便是检警一家,比如在德国,警察被称为检察官的"附属官员",③德国检察官有权对警察的侦查活动进行干预甚至是指挥,要求警察进行特定的侦查活动,检察机关自始至终地参与、指挥和监督侦查活动。即便是检警分离的英美法系国家,如美国,检察机关和警察机关也有许多渠道进行沟通,以保障顺利起诉。"对刑事案件起诉与否取决于检察官的裁量权,因而若警方的侦查质量特别是收集证据能力有欠缺,引发检察官对其工作不满而执意不对警方转介的案件提起检控,则意味着警方先前的刑事侦查所做的努力付诸东流。与此同时,检察官出庭指控胜诉与否很大程度上要依赖于警方证据。在这种情况下,检察官就证据收集、逮捕或电子监控等侦查策略向警方提供专业指导意见就水到渠成,警方对此

---

① 2018年8月27日晚9时35分,江苏省昆山市开发区一轿车与电动车发生轻微交通事故。争执中,车内男子刘海龙拿出长刀,砍向骑车人于海明,之后长刀落地,于海明捡起长刀追赶,刘海龙被砍伤倒在草丛中,最终死亡。8月28日晚,昆山市人民检察院宣布提前介入此案,和公安机关一起对案件作出准确定性。9月1日,昆山市公安局发布通报称,于海明的行为属于正当防卫,不负刑事责任。公安机关依法撤销该案。参见李曙明:《烙印2018——十大刑案点评》,载《检察日报》2018年12月27日。

② 参见崔凯、魏建文:《检察机关"介入侦查引导取证"的理论重塑》,载《湘潭大学学报》2017年第2期。

③ 参见龙宗智:《评警检关系一体化——兼论我国的警检关系》,载《法学研究》2000年第2期。

也受益其中。”[①]以往,检警沟通往往通过承办人之间私下交流或者是政法委召开协调会议等方式,具有较大局限性。而落实检察机关提前介入制度,可以从制度上保证检警之间业务交流合作,从而实现双赢、多赢、共赢。

二、“捕诉一体”改革背景下检察机关提前介入制度的现实困境

总体而言,我国现行《刑事诉讼法》和《人民检察院刑事诉讼规则(试行)》对检察机关提前介入制度的规定过于粗略。在“捕诉一体”改革背景下,由于立法层面的不够明确、不够清晰,导致检察机关提前介入制度在实践运行中面临诸多困境。

(一)介入制度缺乏规范,难以发挥作用

我国检察机关提前介入制度尽管经过多年实践,但是一直没有全国性的规范性实施细则和指导性文件出台。当前,不少地区检察机关的提前介入仅仅停留在联席会议或者协调会议层面上,并未真正深入了解案件。实践中,一些地区的检察机关从案发开始就介入,了解案情、引导侦查,但是仍有不少地区在这方面的探索力度不够。还有一些地区检察机关在提前介入过程中,检察官往往凭借办理类似案件的经验做法,对公安机关固定证据、适用法律提出自己的建议。如此不仅在引导侦查方面力度有限,也无法起到监督公安机关侦查活动的作用。实践中,检察人员很少实际介入案件的侦查、预审、证据采集以及固定工作,难以充分发挥提前介入制度的应有作用。

(二)介入程序不够统一,影响司法权威

在提前介入的程序上,不同地区检察机关的做法差异较大,即使是同一地区不同检察机关之间的做法也不同。比如,在提前介入的启动时间上,浙江省衢州市人民检察院与衢州市公安局共同制定的提前介入机制,明确在案件发生的第一时间通知检察机关进行介入,在案发后,公安机关第一时间就通知衢州市人民检察院派员介入调查,由衢州市人民检察院委派公诉部门的检察人员进行提前介入,由检察人员发表对案件取证活动和侦查活动的意见。同在浙江省,金华市人民检察院和金华市公安局共同制定的提前介入机制,则是明确现场撤销封闭保护后,检察机关提前介入,市检察院介入侦查后,主要对客观性证据的取证作出引导,此外还参与公安机关案件分析会。[②] 再如,在提前介入的启动方式上,既存在公安机关邀请检察机关派员提前介入的,又存在发生性质恶劣、影响较大的案件后检察机关主动要求提前介入的。又如,在提前介入的案由上,一些地区仅在发生命案后才会提前介入,另一些地区则是出现了重大复杂案件时就会提前介入。提前介入程序不够统一,直接影响了司法统一与司法权威。

(三)介入程度难以把握,影响制度效果

提前介入工作应当把握的原则是,既不能浅尝辄止,也不能越俎代庖。然而,当前各

---

① 张洪巍:《美国检察机关立案侦查阶段之职权探析》,载《中国刑事法杂志》2012 年第 4 期。

② 参见黄生林:《检察机关公诉部门介入命案侦查的制度构建》,载《人民检察》2014 年第 4 期。

地检察机关往往很难准确把握提前介入程度,很大程度上影响了制度效果的充分发挥。一方面,实践中侦查权一般占据主动地位,一些地区检察机关的提前介入成为公安机关的附庸甚至是背书。同时,由于缺少法律层面的支撑,检察机关提前介入工作过于柔性。正如陈卫东教授而言,引导只是一种建议、意见,毫无约束力、强制力,没有任何程序后果,当公安机关不接受引导时,该制度将不存在任何意义。① 另一方面,一些地区的检察机关则过多、过滥地适用提前介入,干扰正常的侦查工作。侦查工作具有其自身规律性,公安机关长期负责侦查工作,侦查工作经验丰富,检察机关过度适用提前介入,必然会妨碍正常的侦查工作,也违背了刑事诉讼分工协作的基本原则。

(四)介入范围过于局限,监督刚性不足

检察机关作为宪法规定的法律监督机关,有权对公安机关侦查活动进行监督,对办案过程中存在的违法行为予以纠正。然而,当前我国相关立法与司法解释所规定的提前介入,仅仅体现检察机关参与重大案件讨论,为公安机关侦查活动提供相关建议等。实践中,由于案件依然停留在侦查阶段,因而检察机关对公安机关违法行为的监督往往只是口头纠正一些轻微违法行为,并未实现实质监督,监督刚性不足。而且刑事案件情况纷繁复杂,公安机关侦查过程中往往以破案为第一要务,对于接受监督不够重视;检察机关提前介入本来可以加强侦查活动的规范性,但是由于介入程序规则不够明确,导致往往只能从法律专业角度提供一些证据方面的建议,很少发挥监督侦查行为规范性的作用。

三、"捕诉一体"改革背景下检察机关提前介入制度的完善进路

"捕诉一体"改革背景下,检察机关提前介入制度具有重要的价值意义,然而也面临着一些现实困境。对此,要从启动模式、案件范围、工作机制、检察监督等方面入手,探讨提前介入制度的完善进路。

(一)优化提前介入启动模式

目前,并无权威规定明确提前介入制度的启动模式,导致实践中不同地方的检察机关做法不一,有的是检察机关应公安机关邀请后进行指派介入,有的是案件发生后检察机关主动介入。上述做法各有优势,但是从制度上而言,应当选择检察机关和公安机关双向启动模式更为稳妥。② 司法实践中,刑事案件是纷繁复杂的,每个案件的具体情况不尽相同,甚至相同案件在不同地区也存在不同的处理方式。提前介入制度旨在引导公安机关搜集案件证据和监督侦查行为,既然要充分发挥其作用,就应该采取合理化的启动方式。采用双向启动的模式,能保证提前介入制度的实际效果。在具体程序上,一方面,

---

① 参见周口市检察院:《"检察指导侦察"研讨会观点摘编》,载《国家检察官学院学报》2002 年第 5 期。

② 参见天津市北辰区人民检察院课题组:《检察机关"提前介入"问题研究》,载《河北法学》2009 年第 3 期。

公安机关承办人在重大复杂或者是新类型的案件侦查过程中,认为需要提前介入的,应当经领导批准后,提请法制部门向检察机关发出邀请函。在当前"捕诉一体"改革背景下,检察机关可以明确由刑检部门的检察官负责提前介入工作。应当注意到,如果是未成年人刑事案件或者是专业化办案组办理的特殊案件(如金融类或者污染环境类等具有专业性的案件),则应当选择这些特殊办案组的检察官负责提前介入。另一方面,检察机关认为需要提前介入的,也应由刑事检察部门确定好具体检察人员之后,由检察机关发函给公安机关,要求提前介入。同时,公安机关也应当做好相关衔接与配合工作,为检察机关提前介入创造良好条件,不得无故推诿和阻挠。

(二)明确提前介入案件范围

当前检察机关案多人少矛盾十分突出,因而不可能所有的案件都能派员提前介入。同时,由于基层轻微的刑事案件数量庞大,如果所有案件都要提前介入,不仅会扰乱正常侦查秩序,也会降低刑事诉讼效率。根据司法实践经验,需要检察机关提前介入的主要有故意杀人、抢劫、绑架、强奸等严重侵害人身安全的犯罪;爆炸、放火、以危险方法危害公共安全的犯罪;恐怖组织、邪教组织、黑社会性质组织犯罪、恶势力团伙犯罪等人员众多的集团性犯罪;危害食品安全、危害药品安全、破坏环境等侵犯民生权利、侵害公共利益的犯罪,以及新类型、新手段、零口供的犯罪和社会关注高、矛盾焦点突出的涉众型经济犯罪。① 上述犯罪不仅严重扰乱社会秩序,直接影响人民群众安居乐业,而且案情重大复杂,犯罪嫌疑人反侦查经验丰富,翻供现象较为突出。检察机关提前介入,不仅可以监督公安机关的侦查行为,也可以帮助固定犯罪嫌疑人口供,防止在后续审查起诉时由于翻供而退查,影响办案效率。此外,在提前介入的案件范围上,还应当规定兜底条款。因为各地现实情况不同,比如沿海发达地区经济类或者金融类的犯罪较多,需要重点打击;而有些地区可能涉黑涉恶类的案件较多,需要严厉打击。对此,应当保留兜底条款,规定检察机关认为有必要予以提前介入的案件,可以进行提前介入。

(三)细化提前介入工作机制

当前,提前介入制度可操作性较低的重要原因之一,就是缺乏相应的具体化规定。鉴于此,应当建立细化完善的提前介入工作制度。一方面,要完善提前介入的程序,比如明确介入的时间节点,考虑到办案的具体情况,介入的时间节点确定为立案之后到提请批准逮捕之前比较合适;明确介入的手段,检察机关提前介入应参与现场勘查、询问证人、讯问犯罪嫌疑人,保证客观了解案件全貌;明确提前介入发表意见建议的范围,比如检察人员就适用法律问题发表个人意见,对证据收集、固定的合法性提出建议,对现有证据发表意见,对下一步侦查取证工作提出建议等。另一方面,要加强案件信息沟通,建立检警刑事案件信息共享机制,保证检察机关能够及时了解公安机关立案情况和侦查进展

① 参见孙光永:《六项举措提升强化提前介入工作》,载《检察日报》2017 年 8 月 13 日。

情况,保障检警双方信息互通,沟通顺畅,以便顺利开展提前介入工作。[①]

(四)强化提前介入检察监督

检察机关对于刑事诉讼活动的监督是全方位、全过程的,在提前介入的过程中也应实时监督公安机关的行为是否规范合法。具体而言,检察机关在提前介入过程中,在引导侦查的同时,应当加强对公安机关立案、管辖、撤案以及监视居住等程序性活动的合法性审查;加强对讯问犯罪嫌疑人、询问被害人、证人以及辨认等侦查活动合法性的审查;加强对搜查、查封、扣押以及冻结等强制措施是否合法的审查。[②] 同时,应当强化检察监督工作的刚性,检察机关在提前介入过程中,发现公安机关侦查活动存在违法情形的,应当及时发出纠正违法通知书,公安机关应当及时将纠正情况回复检察机关。如果发现侦查人员存在贪污受贿、渎职侵权等犯罪行为的,及时移送监察机关进行立案侦查或者自行侦查。

---

① 参见黄生林:《检察机关公诉部门介入命案侦查的制度构建》,载《人民检察》2017 年第 4 期。

② 参见太原市人民检察院课题组:《检察机关提前介入"命案"侦查工作机制研究》,载《中国检察官》2013 年第 11 期。

改革背景下检察机关自行补充侦查权的完善

江苏省泰州市人民检察院课题组*

摘要：自行补充侦查权是法律明确授予检察机关的一项重要职权。在以审判为中心的刑事诉讼制度改革和监察体制改革背景下，有必要加强自行补充侦查权。行使自行补充侦查应遵循补充原则、法治原则、效益原则和协作原则。为有效运行自行补充侦查权，除了规范适用情形、程序、保障当事人权益外，还应建立职务犯罪侦查和公诉双部门协作实施机制，并修改法律适当延长自行补充侦查期限。

关键词：检察机关　自行补充侦查　运行原则　制度设计

《刑事诉讼法》《监察法》都明确授予检察机关开展自行补充侦查的权力。然而，这一法律授权，长期以来并没有得到理论界以及实务界的足够重视，从公开资料看，自行补充侦查权行使比较薄弱，占补充侦查案件总数的10% ~15%。[①] 随着以审判为中心的刑事诉讼制度改革和监察体制改革的深入推进，一直以来被忽视的自行补充侦查权应当重新引起检察机关的重视。

一、改革背景下检察机关加强自行补充侦查工作的意义

以审判为中心刑事诉讼制度改革和监察体制改革，给检察机关带来一些挑战，在这种背景下，加强自行补充侦查职能，对于做好公诉工作，强化侦查活动监督具有十分重要的意义。

---

* 课题负责人：泰州市人民检察院检察委员会委员洪春；课题组成员：泰州市人民检察院法律政策研究室主任丁建玮，副主任陆秀勇。本文系2018年江苏省人民检察院检察理论研究课题“检察自行补充侦查权研究”（课题编号：SJ201811）的阶段性研究成果。

① 参见王小光、米卿：《完善检察机关自行补充侦查制度的思考》，载《河南财经政法大学学报》2018年第6期。该文章分析了2014年到2016年浙江省舟山市检察机关补充侦查情况，退回补充侦查案件占受案数比例分别为5.4%、6.9%、5%，自行补充侦查案件占比分别为0.5%、0.7%、0.9%，该数据与本课题组所在单位大致相当。

(一)加强自行补充侦查是检察机关正确履行公诉职责的客观需要

现代公诉制度建立在国家追诉主义理念基础上。作为代表国家追诉犯罪的检察官,必须以合法有效的证据为指控基石,实现对犯罪的追诉。我国检察机关的补充侦查权并不依附于侦查权,而是公诉权派生出来的应有权力。[①]《刑事诉讼法》赋予检察机关承担公诉案件的举证责任,不仅仅是一审庭审承担举证责任,还体现在案件移送审查起诉之后直至二审终审判决前或者死刑核准前,都应当承担举证责任,为了保证这种举证责任得以实现,检察机关不能满足于侦查机关收集和整理的证据,对案件事实进行认识判断,必要时应通过引导侦查或者自行补充侦查来发现和证实犯罪事实,构建以证据为核心的"大控方"诉讼格局,使犯罪之人受到法律追究,保障国家追诉权得到有效实施。

需要讨论的是,在检察机关内设机构改革推行"捕诉一体"背景下,自行补充侦查是否仍有加强的必要。有观点认为,部分重大有影响案件检察官可以提前介入,引导侦查机关补充完善证据,自行补充侦查和退回补充侦查的次数总体上都会减少,这样不仅可有效节约审查批准逮捕及审查起诉阶段检察机关的人力耗费,还可同时提升侦查质量。[②]课题组认为,即使检察机关通过提前介入加强引导侦查,但侦查活动收集证据是一个从不完善到逐步完善的过程,其间的侦查违法活动和证据缺陷问题不可能完全消除,检察机关仍需要高度重视自行补充侦查工作。

(二)加强自行补充侦查是以审判为中心刑事诉讼制度改革的必然要求

党的十八届四中全会明确开展以审判为中心的刑事诉讼制度改革。2016 年最高人民法院、最高人民检察院、公安部、国家安全部、司法部五部门联合下发《关于推进以审判为中心的刑事诉讼制度改革的意见》,其中要求发挥好检察机关在审前程序中的作用,完善补充侦查制度,通过补充侦查确保办案质量。在刑事诉讼中,刑事公诉作为连接侦查与审判的承上启下环节,承担着审前主导和诉前过滤的重要功能,防止将非法证据带入审判环节。这就要求公诉人应跳出书面审查的惯常思维,强化亲历性审查意识,将视野由在卷证据拓宽至在案证据,通过主动讯问、询问案件当事人,当面核实相关证据,促进内心确信的生成。倡导亲历性证据审查模式,要求检察官改变以往对证据"拿来主义"的态度,善于运用自行补充侦查的手段,收集补充新的证据材料,排除对证据的合法性疑问以及证据之间存在的矛盾,对案件事实认定和证据采信提供有力的支持,解决对证据能力和证明力的疑惑,确保指控犯罪依靠的证据全面、客观,经得起法律和历史的检验。

(三)加强自行补充侦查是检察机关履行法律监督职责的必要手段

检察机关是宪法规定的法律监督机关,享有法律监督权。从权力制约角度看,在刑事诉讼中,检察机关依法应当对监察权、侦查权和审判权进行监督。我国公安机关享有

---

① 参见陈卫东:《职务犯罪监察调查程序若干问题研究》,载《政治与法律》2018 年第 1 期。

② 参见万春、史卫忠、易延友、李玉华:《检察机关补充侦查权的运行和完善》,载《人民检察》2018 年第 21 期。

对普通刑事案件的侦查权,国家安全机关享有对危害国家安全犯罪案件的侦查权、海关享有对走私犯罪案件的侦查权、国家监察机关享有对职务犯罪案件的监察权。这些机关互相并无隶属关系,也没有相互监督制约的法定机制。如果其中某个机关没有充分行使或正确行使侦查权(监察权),就难以实现该权力的配置目标。刑事诉讼的目的是惩治犯罪与保障人权。检察机关在刑事诉讼中,既应对是否存在漏罪、漏犯等问题深入审查,适时自行补充侦查,确保有罪之人得到依法追究;又要维护程序正义,重点关注非法证据排除和瑕疵证据的补强,通过自行补充侦查充分发挥审前过滤功能,着力发现和纠正侦查人员在案件办理过程中存在的违法问题,确保侦查权、监察权在法治轨道内正确行使。

需要讨论的是,有的检察机关规定了监察机关移送的案件一般不退回补充调查。① 这种观点值得商榷。检察机关与监察机关是互相配合、互相制约的关系,对于监察机关移送审查起诉的案件,如果相关事实没有查清,检察机关应依法独立行使包括补充侦查(调查)在内的检察权,确保全面准确查清案件事实,而不应在《刑事诉讼法》《监察法》之外另设与法律要求相背离的规定。

(四)加强自行补充侦查是保证检察机关充分行使部分职务犯罪侦查权的必要准备

国家监察体制改革后,绝大部分职务犯罪案件划归国家监察机关管辖,但仍保留部分职务犯罪侦查权,作为法律监督的必要保证。《刑事诉讼法》第 19 条规定,人民检察院在对诉讼活动实行法律监督过程中发现司法工作人员利用职权实施的非法拘禁、刑讯逼供、非法搜查等侵犯公民权利、损害司法公正的犯罪,可以由人民检察院立案侦查。应该说,保留部分职务犯罪侦查权有利于检察机关更好地履行法律监督职责。但毋庸讳言,司法实践中被查处的司法工作人员利用职权实施的非法拘禁、刑讯逼供、非法搜查等侵犯公民权利、损害司法公正的犯罪数量很少,部分基层院甚至存在空白。常言道"拳不离口、曲不离手",少量的侦查案件无法锻炼出合格的侦查队伍,也无法积累足够的侦查专业化装备。在这种形势下,检察机关可以通过充分行使对侦查机关或监察机关移送审查起诉的刑事案件自行补充侦查权,有意识地培养和锻造一支能够熟练运用侦查技能、富有侦查经验的检察队伍,有意识地建设一批符合现代侦查理念和要求的侦查装备设施,为检察机关行使职务犯罪侦查权和补充侦查权夯实人才和装备基础。此外,国家监察体制改革中检察机关人员进行转隶,有的侦查装备、设施等并没有完全移送给监察机关,遗留下来的侦查装备、设施也不能闲置,可用于自行补充侦查工作。

二、检察机关行使自行补充侦查权应当遵循的原则

检察机关行使自行补充侦查权,应与普通侦查权相区分,体现自行补充侦查权在刑事诉讼中的独特价值。为此,自行补充侦查权行使应当遵循下列原则。

---

① 参见卞建林:《配合与制约:监察调查与刑事诉讼法的衔接》,载《法商研究》2019 年第 1 期。

（一）补充原则

检察自行补充侦查权不同于普通的侦查权，只是对侦查（监察）活动的法定补充措施，而非检察机关替代侦查机关（监察机关）行使犯罪侦查（监察）职能。需要注意的是，这种补充功能在普通刑事犯罪侦查和职务犯罪监察案件中有着差别：对于公安机关侦查的案件，检察机关认为需要补充侦查的，可以退回补充侦查，也可以自行补充侦查，检察机关和检察官对此具有充分的自由裁量权；对于监察机关移送起诉的案件，根据法律规定，检察机关认为需要补充核实的，原则上应当退回监察机关补充调查，只有在必要时可以自行补充侦查。这种差别，主要是因为职务犯罪案件比普通刑事案件更具有隐秘性、敏感性和政策性，检察机关对监察机关的行为也并非监督，对于移送审查起诉职务犯罪案件在证据上欠缺的，应当退回监察机关调查比较适宜。[①] 当然，这并不意味着必须以退回补充侦查（调查）为前置程序，检察机关经审查认为自己补充侦查更为适宜的，可直接决定自行补充侦查。

（二）法治原则

法治原则是现代法治国家必须遵循的一项原则。有观点认为，补充侦查的设置初衷是确保查明案件事实，但是由检察机关重新启动侦查程序，这个程序“倒流”的过程，容易导致国家追诉权力过分膨胀，造成了控辩力量的显著不对等，对程序正当性有所损害，也是对犯罪嫌疑人和被告人的不公平。[②] 为了解决这些担忧，检察机关行使补充侦查权理应受到法律的规制，并注重保障犯罪嫌疑人、被告人合法权益。一方面应当严格遵守法定程序和条件。决定自行补充侦查的，应当严格依照《刑事诉讼法》规定的程序、措施和期限开展侦查活动。在收集证据时，必须秉持客观公正立场，全面收集有罪和无罪的各种证据；在采取传唤、拘传、逮捕、查封、扣押、冻结等强制措施时，必须严格依照法律规定的条件和程序，避免侵犯犯罪嫌疑人或者其他人员的人身权和财产权；在使用侦查技术时，必须严格遵循法律规定的适用情形，按照控权理念设立较为严格的审批流程。另一方面应当在保障侦查活动顺利的基础上，体现公开透明。诚然，侦查活动天然具有秘密属性，但侦查程序和侦查结果公开是现代法治国家的共识，也是司法公正的重要标志。侦查程序和侦查结果必须依法及时向当事人和律师公开；对于违反法律规定的侦查活动，必须明确不利的法律后果。

（三）效益原则

效益原则也称为诉讼经济原则。就刑事诉讼而言，诉讼经济是指国家司法机关和诉讼参与人，应当以尽量少的人力、物力和财力来完成刑事诉讼的任务，并实现司法公正这

---

① 参见秦敏、陈珍建：《自行补充侦查实务研究——以四川省简阳市人民检察院的办案为样本》，载《中国检察官》2019年第1期（下）。

② 参见汪海燕：《论刑事程序倒流》，载《法学研究》2008年第5期。

个基本价值目标。[①] 贯彻效益原则,应当注意:一方面,自行补充侦查权行使应当注重诉讼效率,以及时推进诉讼进程为重要目标。检察机关和检察官决定是否开展自行补充侦查,应当从整体诉讼资源投入角度来考量,如果能够通过自行补充侦查迅速收集证据查明事实,一般不得退回补充侦查,防止办案期限不适当被拖延。另一方面,自行补充侦查权应当与检察机关现有的人力、能力、精力和财力相匹配。从诉讼分工角度,检察机关享有的侦查资源远不如侦查机关,如果检察机关经审查依据现有人力、装备、技术等不可能查清待查事实,就不宜自行补充侦查,应退回补充侦查。

(四)协作原则

侦查活动需要配合、协作,检察机关自行补充侦查亦不例外。首先,检察机关需要加强内部协作,由检察长统一领导、统筹不同层级、不同部门的检察人员共同参与自行补充侦查。比如,获取证言工作,需要检察官、检察辅助人员负责做好询问笔录,司法警察负责安全警卫,检察技术人员负责同步录音录像。再如,赴其他地区开展侦查,可以商请上级检察机关出面协调指派相关地区检察机关派员配合。其次,检察机关需要加强与外单位的协作。即使是自行补充侦查案件,如果确有必要,可商请侦查机关安排侦查人员协助收集原来遗漏罪行的有关证据。在开展自行补充侦查时,检察机关应当与侦查(监察)机关保持良好沟通,加强彼此配合、协助,保障案件的审前质量。必要时应邀请侦查(监察)机关派员配合侦查。[②] 检察机关根据需要可商请侦查人员协助收集原来遗漏罪行的有关证据,或者安排专门技术人员协助解决勘验、检查、鉴定等技术性问题。需要强调的是,自行补充侦查邀请外单位人员参加,侦查主体仍是检察人员,其他人员仅是以侦查辅助人员身份参与侦查活动。

三、检察机关行使自行补充侦查权的制度设计

(一)关于自行补充侦查情形界定

自行补充侦查之目的和价值,一是补充完善原侦查活动欠缺的证据,体现诉讼公正、效率价值;二是借助补充侦查对原侦查活动的违法行为及时进行纠正,体现监督价值。[③] 自行补充侦查情形的界定,在具体适用情形上可分为不适宜退回补充侦查、不需要退回补充侦查和对证据合法性存在疑问有必要自行补充侦查。一是不适宜退回补充侦查,更适宜自行补充侦查的情形,如犯罪嫌疑人的无罪辩解及其辩护人的无罪辩护意见具有一

---

① 参见钟得志:《检察侦查权研究》,中国政法大学2012年博士学位论文。

② 根据《刑事诉讼法》第198条、第199条之规定和《人民检察院刑事诉讼规则(试行)》相关规定,法庭审理阶段检察机关可以建议补充侦查,人民检察院应当自行收集证据和进行侦查,必要时可以要求侦查机关提供协助;也可以要求侦查机关补充提供证据。

③ 参见吴宏耀、范仲瑾:《检察机关补充侦查权的规范化运用》,载《人民检察》2018年第14期;秦敏、陈珍建:《自行补充侦查实务研究——以四川省简阳市人民检察院的办案为样本》,载《中国检察官》2019年第1期(下)。

定的合理性,侦查机关存在片面收集有罪证据倾向,导致定罪量刑事实存在疑问的抑或检察机关与侦查机关存在明显分歧或者较大争议等情形。二是不需要退回补充侦查的自行补充侦查的情形,如依据检察机关检务信息系统能够自行查询收集的或者检察机关能够自行调取的对案件有证明作用的公共信息,如犯罪嫌疑人的前科劣迹等。三是对于证据合法性存在疑问有必要自行补充侦查的情形。因为侦查主体取证行为存在严重违法嫌疑,如仍由侦查机关进行补充侦查,其侦查取证的公信力必然受到影响。检察机关作为国家法律监督机关,在此情形下自行补充侦查显然有利于案件的客观公正办理。

(二)自行补充侦查程序启动和措施

自行补充侦查虽然在程序上依附于审查起诉、审判等工作,但有着其自身独立价值,其启动程序也应具有相对独立性。自行补充侦查是检察官基于对案件审查而作出的判断,因此原则上应由承办检察官自行决定启动相关程序。但是职务犯罪案件自行补充侦查应有更为严格的程序,检察机关拟对职务犯罪案件自行补充侦查,应报指定其办案的上级检察机关批准,由上级检察机关通报监察机关后开展。[①] 职务犯罪案件查办模式经历着监察体制改革,《监察法》、修改后的《刑事诉讼法》目前实施时间不长,监察改革具体措施,包括检察机关与监察机关衔接等问题尚需要时间来逐步适应和完善,故现阶段检察机关为加强对检察官办理职务犯罪案件的内部管理,严格限定自行补充侦查工作审批权限,是必要和合理的。随着监察体制改革的深化以及监察工作与检察工作衔接制度的完善,可逐步将自行补充侦查程序启动权放宽至本级检察机关乃至检察官。侦查机关的侦查与检察机关的自行补充侦查均是证据收集的主要手段,因此凡是《刑事诉讼法》设定的侦查措施都应当应用于检察机关的自行补充侦查。鉴于检察机关的侦查能力、侦查装备的局限性,自行补充侦查措施应当是常规的侦查措施,对于一些特殊的侦查措施,如技术侦查等,应当慎重使用。

(三)建立双部门协作的自行补充侦查实施机制

因为侦查计划、侦查谋略、侦查技术等,需要长时间较高频次工作来积累经验。司法实践中,自行补充侦查频次相对较低,办理审查起诉案件的检察官一年可能只会遇到为数不多的自行补充侦查任务。在这种情况下,很可能遇到因检察人员自身侦查素质达不到要求而只能将案件退回侦查机关补充侦查的尴尬情况。为了解决这个矛盾,建议构建"自行补充侦查双轮实施"制度。检察机关在负责职务犯罪侦查的检察部门建立补充侦查专业化办案团队,专门负责配合负责公诉的检察部门检察官开展补充侦查工作。负责公诉的检察部门检察官遇到自行补充侦查案件,安排负责职务犯罪侦查的检察部门检察官和检察官助理配合开展侦查。这种工作模式有两个优势:一是由审查起

---

① 参见陈国庆:《刑事诉讼法修改与刑事检察工作的新发展》,载《国家检察官学院学报》2019 年第 1 期。

诉案件承办检察官主导自行补充侦查,可保证案件侦查方向符合开展补充侦查之目的。二是由职务犯罪侦查专门团队配合自行补充侦查工作,可以通过实战积累较为丰富的侦查技能,培育一支具有相当战斗力的专业化侦查队伍,更好地适应侦查工作要求。

(四)修订法律适度延长自行补充侦查期限

自行补充侦查依附于审查起诉和法庭延期审理,并非独立的刑事诉讼阶段,因此《刑事诉讼法》对自行补充侦查并没有设定专门期限,自行补充侦查必须在审查起诉期限的一个月内完成,一般不超过一个半月;延期审理期限也只有一个月。这种期限安排过于紧张,有可能导致期限届满但侦查工作尚未完结,需要查证的事实尚未清楚,影响案件质量。为了解决这个问题,建议《刑事诉讼法》作出回应,给检察机关设定专门的自行补充侦查期限。有意见担忧,这样会不会影响诉讼效率,特别是影响犯罪嫌疑人、被告人的审前羁押期限。课题组认为,这个担心有一定道理,但是却忽略了自行补充侦查对于司法公正的重要价值。因为自行补充侦查的一个重要作用就是查清事实,促进司法公正。正如陈光中教授所言,"诉讼公正与诉讼效率的合理平衡,要以公正优先,公正是司法的灵魂和生命线。离开了司法公正,司法效率必将是反效率的、高成本的,因为图快求多容易造成冤案错案,不仅损害了公正,而且需要花费更多司法成本加以纠正"。[①] 在刑事诉讼程序上规定自行补充侦查相对独立的期限,虽然可能延长审前羁押期限,却使得办案结果更加客观公正。当然,为了保障诉讼顺利进行,不因为检察机关自行补充侦查造成诉讼期限的过分拖延,可设置较为严格的审批程序。建议《刑事诉讼法》增加一条,审查起诉案件时发现案情重大复杂且不适宜退回补充侦查,人民检察院不能在审查起诉期限内完成自行补充侦查工作的,可报上一级人民检察院批准延长一个月。

(五)保障当事人、辩护人合法权利

现代法治国家的刑事诉讼程序承认被追诉人的主体地位,赋予其防御权,以保障被追诉人有排除国家机关的不法指控并进而影响程序运行方向的机会,在这一法治思想孕育下产生辩护权。[②] 再加上自行补充侦查是依附于审查起诉和审判阶段的一项特殊程序,自审查起诉阶段起,律师就有阅卷权、会见权在内的合法权益,故检察机关不应以自行补充侦查为借口,排斥或者妨害律师行使辩护权,律师可以依法会见犯罪嫌疑人、被告人,查阅有关卷宗。关于哪些侦查内容可以向犯罪嫌疑人、被告人和律师公开。有观点认为,检察机关启动自行补充侦查程序后,应当将补充侦查的理由、期限、侦查主体等内容予以告知犯罪嫌疑人、被告人及其辩护人。[③] 课题组认为,侦查信息应当是有限度公

① 参见陈光中:《动态诉讼平衡观之我见》,载《中国检察官》2018 年第 7 期(上)。

② 参见董坤:《律师侦查阶段调查取证权新探》,载《武汉大学学报》2016 年第 2 期。

③ 参见王小光、米卿:《完善检察机关自行补充侦查制度的思考》,载《河南财经政法大学学报》2018 年第 6 期。

开，侦查程序、侦查期限、侦查人员等信息应当向当事人及其辩护人公开，但侦查事由、侦查目的等应当是待补充侦查完结，相关证据材料入卷后，再依法向犯罪嫌疑人、被告人及其辩护人公开。

刑罚交付执行监督机制之困境与进路

江苏省南通市通州区人民检察院课题组*

摘要：刑罚交付执行监督是刑罚执行监督活动的起点，也是刑罚执行监督的重要内容，有利于刑罚的统一执行，有利于惩治犯罪行为，有利于维护刑事被执行人合法权益。相关法律法规对刑事交付执行监督的规定主要有实行派驻检察、巡回检察、巡视检察和专项检察四种工作形式。司法实践中，刑罚交付执行监督领域广、对象多，检察监督细则缺失，检察机关监督理念、监督形式和监督能力均不能满足监督需要，面临问题发现难和纠正难的困境。应当对刑罚交付执行检察监督机制加以完善，推动刑事执行检察工作健康有序发展。

关键词：刑罚交付执行监督机制　困境　进路

一、刑罚交付执行监督概述

刑罚交付执行监督是指人民检察院对生效刑事裁决交付执行活动是否合法实行的法律监督，包括对法院初次生效裁决刑罚内容的交付执行和法院、看守所、监狱对刑罚变更执行生效裁决内容的交付执行活动的监督。监督的主要对象是负有刑罚交付职责和刑罚执行职责的人民法院、公安机关、司法行政机关等。它是刑罚执行监督活动的起点，也是刑罚执行监督的重要内容，由人民检察院刑事执行检察部门具体负责。其主要内容包括，作出刑罚裁决或者刑罚变更裁决的司法机关是否依法交付执行和刑罚执行机关是否依法接收执行等。按照刑罚交付执行的特征，刑罚交付执行监督分为对死刑、监禁刑、非监禁刑、财产刑和资格刑的交付执行监督等。

---

* 课题负责人：南通市通州区人民检察院党组书记、检察长黄凯东；课题组成员：南通市通州区人民检察院副检察长袁国明，党组成员、检察长助理金志锋，党组成员王立新，检委会专职委员张建兵，第六检察部主任邱楠，第三检察部副主任瞿国光，第一检察部检察官助理杨宝川，第六检察部检察官助理张涛。

二、现行刑罚交付执行监督制度规定

(一)基本规定

我国《刑事诉讼法》《人民检察院刑事诉讼规则(试行)》等均规定了人民检察院依法对刑罚执行活动进行监督,对人民法院、公安机关、看守所、监狱、社区矫正机构等的交付执行活动、刑罚执行活动以及其他有关执行刑事判决、裁定活动中违法行为的监督。人民检察院发现人民法院、公安机关、看守所的交付执行活动违法情形,应当依法提出纠正意见主要包括:一是人民法院等交付执行主体没有依法及时送达正确裁判文书或者对需要收押执行刑罚而判决、裁定生效前未被羁押的罪犯,没有及时将罪犯收押送看守所羁押。暂予监外执行罪犯未依法交付罪犯居住地社区矫正机构执行,或者对被单处剥夺政治权利的罪犯,在判决、裁定生效后,未依法交付罪犯居住地公安机关执行。二是看守所违规留所服刑或者逾期不投送监狱执行。公安机关对需要收押执行刑罚但下落不明的罪犯,在收到人民法院的判决书、裁定书、执行通知书等法律文书后,没有及时组织抓捕、通缉。三是社区矫正机构违法拒收社区矫正人员、监狱依法应当收监执行而拒绝收押罪犯或者法院执行部门拒绝执行等。

(二)主要形式

根据有关法律和最高人民检察院的规定,对刑事执行检察开展监督的形式主要有四种,分别是:派驻检察、巡回检察、巡视检察和专项检察,这四种检察监督方式也就是刑罚交付执行监督的主要形式。派驻检察,又称驻所、驻狱检察,是指人民检察院为履行对监管场所活动的监督职责,依法在监管场所设置专门机构,承担人民检察院对监管场所活动实行法律监督各项任务的一种方式。派驻检察有两种形式,即派驻检察院和派驻检察室。[①] 巡回检察是指人民检察院依法对关押人数较少的小型监管场所,派员定期或不定期进行检察的一种工作方式。[②] 社区矫正检察因为社区矫正具体执行司法所较为分散的原因,各地实践中也主要采取定期或不定期巡回检察。所谓巡视检察,是指地(市)级以上检察院监所检察部门对辖区内由下级检察院检察的监狱、看守所、劳教所的刑罚执行和监管活动是否合法进行检察,同时对派出、派驻该监管场所检察机构履行法律监督职责情况进行检察。专项检察是指检察机关针对刑事执行领域一个时期存在的突出问题,集中一定时间和力量,组织开展专题性法律监督活动。

三、刑罚交付执行检察监督面临的困境

刑罚本身种类较多,执行方式不一,执行的主体也不统一,刑罚交付执行环节多,程序多,因而问题也比较多。而检察机关刑罚交付执行监督细则缺失,相关体制机制存在

---

① 参见袁其国主编:《刑事执行检察重点工作与方法》,中国检察出版社 2015 年版,第 455 页。

② 参见袁其国主编:《刑事执行检察业务培训教程》,中国检察出版社 2015 年版,第 70 ~ 74 页。

诸多不能适应监督需要的情形,造成检察监督面临诸多困境。

（一）刑罚交付执行监督的领域广、问题多

一是死刑案件中未判死刑的同案犯长期不能交付执行,容易导致服刑不公,造成被监管人情绪不稳,进而妨害监管安全。二是审前未羁押罪犯判处实刑未交付执行刑罚大量存在。2016 年最高人民检察院联合相关部门开展了集中清理判处实刑罪犯未执行刑罚专项活动,J 省 N 市在专项活动中共发现审前未羁押判实刑未执行刑罚罪犯 18 人,而全国共核查出未执行刑罚罪犯 11000 余人。[①] 三是法律文书错误造成监狱拒收。据统计,J 省 N 市某看守所每次投送监狱前的文书审查中,发现文书错误和文书不一致的比例超过 30%,多次因文书问题导致监狱拒收罪犯。因文书错误拒收罪犯给看守所交付执行刑罚工作造成巨大困难,二次投送罪犯耗费大量时间精力,加上长途押解,可能产生安全隐患。四是非监禁刑交付执行不顺畅。实践中,有的法院未核实罪犯居住地直接将其交付户籍地执行,导致许多实际居住地与户籍地不一致的罪犯监管困难。还有的法院送达法律文书不及时、不齐全,部分案件逾期送达甚至送达法律文书时罪犯的缓刑考验期已临近届满,造成社区矫正罪犯较长时间漏管。而户籍地和暂住地的社区矫正机构则都按有利于己的原则对“居住地”进行解释,随意拒收罪犯。例如,J 省 Y 市某法院判处冯某某缓刑后,户籍地和居住地司法行政机关对此“居住地”进行了不同解释,反复退回法院,造成冯某某在判决生效 1 个多月后还不能正常接受社区矫正。[②] 五是财产刑交付不及时、立案比例低。有的法院长期不移送执行,如 J 省某基层检察院在 2017 年“财产刑执行回头看”专项检察活动中发现,2016 年财产刑专项检察活动之后,同级法院刑事审判庭所有需要执行财产刑的案件均未移送该院立案庭审查立案。另外,许多法院只有当刑事审判庭提供“有可执行财产证明”等材料时,立案庭才予以立案,导致部分已判决案件的财产刑得不到及时立案执行。

（二）刑罚交付执行监督工作细则缺失

《刑事诉讼法》仅规定人民检察院对执行机关执行刑罚的活动是否合法实行监督,并未具体规定刑罚交付执行活动监督。《人民检察院刑事诉讼规则(试行)》也只规定检察机关对执行刑事判决、裁定的活动实行监督。对人民法院、公安机关、看守所、司法行政机关、监狱等的交付执行活动相关违法违规情形提出纠正意见。[③] 至于《人民检察院监狱检察办法》《人民检察院看守所检察办法》《人民检察院监外执行检察办法》等规范性文件,尽管就具体的检察方法进行了一些规定,但是部分内容已经过时。比如,《人民检察

① 参见袁其国:《执检厅厅长谈强化监督维护刑事执行公平公正》,载 http://gjwft.jcrb.com/2017/1yue/yqg/,最后访问日期:2017 年 9 月 14 日。

② 参见黄凯东、张建兵、杨宝川:《检察机关监督社区矫正的实践、问题和对策——以 N 市检察机关社区矫正监督工作为样本》,载《四川警察学院学报》2016 年第 6 期。

③ 参见《人民检察院刑事诉讼规则(试行)》第 640 条、第 641 条、第 643 条、第 660 条。

院监外执行检察办法》制定时的监外执行,与现在的社区矫正执行存在诸多差异。我国实行检执分离机制,现行的交付执行程序封闭,执行完全在法院、监狱、公安机关之间进行。检察机关对刑罚交付执行的检察监督并不享有一般的调查权,无法直接介入执行机关的有关刑罚执行的行政管理活动,导致检察机关没有有效手段了解交付过程中出现的问题。①

(三)传统司法观念不符合刑罚交付执行检察监督职责要求

一是重监管,轻交付。检察机关普遍重视驻看守所、驻监狱日常监管工作,或者减刑、假释和暂予监外执行变更刑罚执行活动,对监狱或者看守所刑罚交付执行活动监督的积极性不高。社区矫正检察监督中重视社区矫正人员的日常监管活动监督,主要目标在于防止脱管和社区矫正人员重新犯罪,对交付执行监督普遍存在畏难情绪。二是重配合,轻监督。有的检察人员热衷于以参与者的身份介入刑罚执行的具体运作,时有介入日常监管活动,有的检察人员甚至出面协调政府部门帮助解决社区矫正人员生活困难,忽视了自己的法律监督者身份。而有些派驻检察人员长期与刑罚执行部门在“同一屋檐下”办公,久而久之和执行机关成了“哥们兄弟”或者被“同化”。② 三是存在“等、停、靠”思想。部分检察机关认为监管改造工作是公安机关和司法机关的工作,出不出事,主要是公安机关和司法机关的责任。出了大事,依法查办即可,不主动去调查、了解问题,基本靠坐在办公室进行文书审查。而且刑事执行检察部门工作场所远离机关、工作对象单一,长此以往,容易产生麻痹思想、懈怠情绪。③

(四)传统工作形式不适应刑罚交付执行检察监督工作挑战

一是派驻检察和巡回检察“重辖区内安全、轻跨辖区交付执行”。实践中,驻看守所和驻监狱检察室一般都专注日常刑罚执行中的监管安全,社区矫正检察监督则重视社区矫正人员入矫后的监管活动监督。而刑罚交付执行都是多个主体之间工作移转配合的一套程序,涉及主体多、地域广。各地检察机关限于地域管辖、级别管辖、考核因素等,很少主动监督跨越辖区的刑罚交付执行。例如,社区矫正检察中发现的法院的交付执行活动违反法律规定,但因为法院是外辖区,一般很难纠正,有的发出相关法律文书也不能得到回复。二是巡视检察和专项检察“重短期监督、轻长期问题解决”。根据相关规定,地(市)级人民检察院刑事执行检察部门每年巡视检察的监管场所不得少于四个,省级不得少于二个,最高人民检察院不少于二个,对每个监管场所的巡视检察时间不得少于三天。可见巡视检察时间短,范围小,不能对刑罚交付执行情况进行有效监督。而专项检察又具有运动式执法的特点,存在忽冷忽热、忽轻忽重、监督力度不稳定的缺点。④

① 参见曹玉江:《刑罚交付执行中检察职能的反思与重构》,载《中国检察官》2015 年第 17 期。

② 参见袁其国:《刑事执行检察论》,中国检察出版社 2016 年版,第 483 页。

③ 参见周伟:《刑事执行检察:监所检察理论与实践的发展》,载《国家检察官学院学报》2013 年第 4 期。

④ 参见袁其国、尚爱国:《试论刑事执行检察理论体系之构建》,载《河南社会科学》2015 年第 7 期。

（五）刑罚交付执行监督能力不足

一是刑罚交付执行监督人员不足。全国检察机关刑事执行检察部门实有人员13173人，占检察机关实有人数的5.4%。这些检察人员除了执行散布于乡镇街道社区的近60万监外执行罪犯的检察监督任务外，更重要的是承担全国3579个监管场所的派驻检察任务。① 在此情况下，难以保证足够人员、足够精力从事刑罚交付执行监督工作。此外，就基层检察机关而言，刑事执行检察边缘化的印象没有完全改变，检察人员工作尊荣感低，工作积极性不高。加上刑事执行检察工作相对单调枯燥，工作量大，任务繁重，能够量化评价的工作不多，在现有绩效考评机制下，难出显性成绩，检察人员容易产生懈怠感。二是刑罚交付执行监督手段刚性不强。其一，法律监督文书没有强制约束力。实践中，被监督单位对检察机关的纠正违法通知书和检察建议书置之不理、消极对待的情况时有发生。其二，监督并未触及深层次问题。例如，J省N市检察机关2015—2017年共计发出社区矫正方面的书面纠正违法通知书28份，其中有13份涉及法院社区矫正期间计算错误或者文书制作不一致，这些问题多因笔误造成，并未触及更深层次的问题。

（六）刑罚交付执行发现问题与监督纠正困难

一是刑罚交付执行违法违规问题发现难。实践中，财产刑交付执行法律文书不送达检察机关，非监禁刑法律文书不及时送达检察机关，监禁刑法律文书转送检察机关效率较低，导致刑事执行检察部门难以及时掌握刑罚交付执行相关情况。有的异地羁押罪犯难以核查交付监狱执行情况，在财产刑交付执行检察过程中，不掌握财产刑的裁判信息，启动监督难。② 加之检察机关缺乏与法院、公安机关等执行机关的工作联系机制，难以了解相关刑罚交付执行情况。二是刑罚交付执行违法违规问题监督纠正难。一方面是刑罚交付执行相关规定不完善，导致检察监督缺乏统一标准和依据，认定违法责任难度较大。例如，非监禁刑（社区矫正）交付执行中“居住地”认定标准不一，各个机关相互推诿扯皮；缓刑考验期起算时间标准不一，检察监督无力；审前未羁押罪犯的交付执行程序存在不同理解，看守所的收押标准和监狱的收监执行标准并不一致，法院认为自己“只送文书不送人”，公安机关却认为判决、裁定生效前未被羁押的，法院应当“既送文书也送人”，二者产生推诿扯皮。检察机关缺少监督依据。另一方面是刑罚交付执行相关问题跨越区域部门，检察监督协调难度大。实践中，刑罚交付执行的相关单位害怕承担相应风险，利用程序的疏漏和规定的模糊，试图将风险转移给其他单位。

四、完善刑罚交付执行检察监督机制的进路

为了使检察监督发挥实效，我们建议明确刑罚交付执行相关程序和标准，制定刑罚

---

① 参见周伟：《刑事执行检察：监所检察理论与实践的发展》，载《国家检察官学院学报》2013年第4期。

② 参见庄永廉、袁其国等：《财产刑执行检察监督的深化与完善》，载《人民检察》2016年第11期。

交付执行监督细则，完善监督体制机制，提高监督能力，有效履行刑罚交付执行监督职责。从而维护刑罚执行权威，最终实现刑罚目的。

(一)明确刑罚交付执行相关程序和标准

一是明确刑罚交付执行相关主体职责。在监禁刑的交付执行中，对于审前未羁押罪犯的交付执行，法院应当“既送文书也送人”。在非监禁刑的交付执行中，交付执行机关应当拥有居住地争议的最终裁决权，接收主体必须先行接收。在财产刑交付执行中，法院刑事审判部门、立案部门、执行部门不按规定立案执行或者移送执行的，应当严格追责；法院执行部门在收到财产刑执行案件后，应当及时将《执行告知书》抄送检察机关。

二是规范刑罚交付执行程序。在死刑案件交付执行中，应当规定继续羁押看守所的死刑案件同案犯的日常监管考察制度，将同案犯在看守所羁押期间的表现纳入监狱减刑建议范畴。在监禁刑的交付执行中，法院在尚未作出暂予监外执行决定前，应该先行羁押罪犯送交执行刑罚；对未羁押拟判处实刑罪犯先行逮捕，若看守所因疾病等原因拒收而无法执行逮捕的，法院应该在变更强制措施后及时组织病情诊断，并在交付执行前作出是否暂予监外执行的决定。法院应当加快滥用诉权谋求留所服刑罪犯上诉案件的审理进程，看守所应当加强留所服刑罪犯管理，对留所服刑罪犯与监狱服刑罪犯采用同样的改造标准。在非监禁刑交付执行中，建立社区矫正罪犯的无缝衔接机制，社区矫正机构接收罪犯后应当及时将接收情况通知交付执行机关。在财产刑交付执行中，凡是有财产刑执行内容的案件，建议一律移送立案执行，改革案卷制度，对于那些设置了财产刑的罪名，公安机关在侦查阶段不仅应当查明犯罪事实，还应当调查犯罪嫌疑人的财产状况，并附卷；公安机关在终结侦查并移送检察机关审查起诉时，应当将其随案移送。①

三是明确刑罚交付执行相关标准。在死刑交付执行中，应当明确从判决裁定生效之日起算死刑缓期执行的考验期。在监禁刑交付执行中，统一看守所已决犯收押标准与监狱的收监执行标准。在非监禁刑交付执行中，应当确定“居住地”的认定标准，兼采居住时间和生活来源标准，明确“缓刑考验期”的起算标准为判决发生法律效力之日。

(二)制定刑罚交付执行监督细则

一是明确职责，科学考核。制定各级检察机关刑事执行检察部门权力清单，对于因故意或者重大过失不履行或者不正确履行刑罚交付执行监督权，造成恶劣影响或严重后果的，应当依法追究责任。同时，将刑罚交付执行监督纳入刑事执行检察考核范围，重点考察监督履职情况、协作监督情况。

二是强化监督，规范审查。明确违法违规情况调查方法，包括调取相关案卷、找相关人员谈话了解情况、聘请技术人员对相关病情诊断相关文书进行审查等。规范书面纠正违法形式，设置书面纠正违法的程序性后果。注意借助上级巡视检察的监督力量化解下

---

① 参见庄永廉、袁其国等：《财产刑执行检察监督的深化与完善》，载《人民检察》2016年第11期。

级检察机关碰到的一些监督难题,形成监督合力。

三是细化刑罚交付执行监督内容。明确刑罚交付执行监督内容包括监督相关主体是否依法送达相关法律文书并将罪犯送交执行,监督执行机关是否依法接收、社区矫正对象是否依法报到等。

(三)完善刑罚交付执行监督机制

一是建立刑罚交付执行监督协作机制。不同检察机关以及同一检察机关不同部门之间,应当通过检察机关统一业务应用系统进行相互告知和监督协作工作。针对一体化监督协作机制,制定相应的考核标准,防止各自为政。

二是建立刑罚交付执行同步监督机制。检察机关应当充分利用驻所检察室的看守所在押人员信息管理系统,及时掌握罪犯的刑罚交付执行情况;还应当进一步运用现代化的信息网络平台,推动刑罚执行信息共享,打破不同地区、不同司法机关间的信息壁垒,实行同步监督,提高监督效率。

三是实行案件化的刑罚交付执行监督模式。检察机关应当建立刑事执行检察案件办理的规章制度,统一规定案件范围、办案时限、办案流程、审批权限、证据要求等程序要素,统一规定各个环节的法律文书,将刑事执行检察案件纳入全国统一业务应用系统,实现办案标准化和管理流程化。① 结合当前检察机关的司法责任制改革,通过"案件化"工作模式合理配置的检察官权力清单,强化检察人员的责任感。充分利用全国检察机关统一业务应用系统执检子系统,推动案件办理统一规范。

(四)强化刑罚交付执行检察监督能力

一是转变监督执法理念。坚持"有为才有位",深刻认识到生效刑事裁判如果不能正确执行,前期所有追诉工作将失去意义。在监督实践中,既要纠正监禁刑交付执行问题,也要纠正非监禁刑交付执行中的违法违规问题;既要纠正主刑交付执行问题,也要纠正附加刑交付执行问题。

二是加强监督人员配置。扩大刑事执行检察工作队伍,优化刑事执行检察人员结构,改变以往年龄偏大、知识陈旧的队伍状况,注意吸收敢于监督、善于监督的专门法律人才从事刑事执行检察工作。加强检察人员轮岗交流,避免同化效应;强化培训,统一监督标准,提升监督能力,提高监督公信。

三是建立统一信息系统。建立全国统一的刑罚执行人员信息库,确保所有被交付执行的罪犯信息都输入该数据库,确保刑罚交付执行总数准确;实现互联互通,所有刑罚执行机关都应安装该数据库的客户端,需要抄送的相关法律文书都应通过各自客户端及时送达,实现交付执行机关和执行机关的信息无缝对接。检察机关应当实时全面掌握刑罚交付执行情况,推动即时交流和动态监督、同步监督,提高监督效率,提升监督效果。

---

① 参见高祥阳:《刑事执行检察应从"办事模式"向"办案模式"转变》,载《人民检察》2015 年第 17 期。

民事虚假诉讼检察监督三阶层办案模型研究

何安林　周军民*

摘要：检察机关作为法律监督机关，对民事虚假诉讼主要以事后监督为主，旨在弥补其他政法机关或当事人在之前诉讼环节权利救济的不足，已成为阻击虚假诉讼有效的最后一道防线。从办案实践提炼出的虚假诉讼办案模型及其合理运用，可以促进虚假诉讼检察监督职能的行使及完善，以准确认定事实、适用法律，保障当事人合法权益和司法公平公正。

关键词：民事虚假诉讼　检察监督　办案模型

民事虚假诉讼手段隐蔽、方式多样的特点决定了检察监督面临着发现难、审查难、监督难等问题。对此，以H市J县人民检察院2013年6月至2018年6月的司法办案实践为样本，提炼总结"线索研判—调查核实—出庭抗诉"的检察监督三阶层办案模型，以有效破解实践中监督困境，并就检察监督职能的缺陷及完善进行研判思考。

一、检察监督三阶层办案模型的构建

（一）三环式筛选——线索研判办案模型

案件线索是检察机关监督民事虚假诉讼的前提，实践中，检察机关通过以下三个环节的缜密筛选，可以有效研判出民事虚假诉讼的重点审查线索（见图1）：

* 何安林，江苏省金湖县人民检察院第三检察部主任；周军民，江苏省淮安市人民检察院法律政策研究室主任。

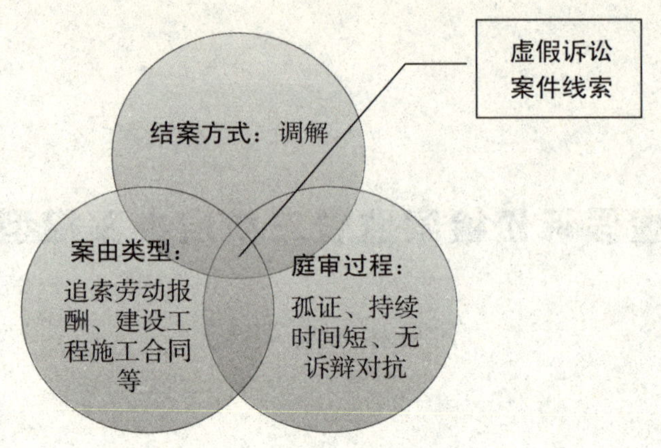

图 1

第一环节看结案方式。与民事判决、裁定相比，以调解方式结案的虚假诉讼比例更高。2013 年 6 月至 2018 年 6 月，J 县人民检察院共监督虚假诉讼 18 件，其中判决结案 6 件，调解结案 12 件（包含特别程序中确认人民调解协议效力 4 件），二者比例为 1∶2。可见，调解类虚假诉讼占比更高，这与调解案件审查标准宽松和法院审判绩效考核追求结案率、调解率的导向存在一定关联。

第二环节看案由类型。根据司法实践，民事虚假诉讼多发领域通常为民间借贷、追索劳动报酬、建设工程施工合同等。但 J 县人民检察院 2013 年以来办理的 18 件虚假诉讼案件，其中涉及优先受偿债权（包括追索劳动报酬纠纷中的工资款、建设工程施工合同纠纷中的工程款）的案由有 12 件，占比达 66.6%。由此可见，滥用“优先债权”恶意挤占其他债权受偿额度现象可能成为部分地区民事虚假诉讼高发的新形式，值得高度关注。

第三环节看庭审过程。通过全面梳理所办案件的原审诉讼卷宗，发现民事虚假诉讼通常呈现以下特征：调解意愿强烈，不存在实质性的诉辩对抗；证据过于单一，被告对原告提出的基本事实直接予以自认；诉讼过程持续时间极短。如 J 县人民检察院办理的 8 件追索劳动报酬虚假诉讼案中，原告起诉所附证据只有工资欠条，没有其他任何能够证明劳动关系存在的证据，且原、被告快速达成调解。所监督的 4 件民间借贷虚假诉讼，只有“借条”，无相应的债权交付凭证，被告无抗辩后迅速结案。

在三环式线索研判模型筛选基础上，通过总结民事虚假诉讼案件的经验做法，从不同类型、案由案件信息中筛查，总结规律发现特点，提炼出甄别疑点的重点要素，可以建立案件线索甄别模型。通过对所在的 J 省三级检察机关 2016 年以来监督的 193 件“工资”领域民事虚假诉讼进行分析，提炼出要素式表格，可供实践参考（详见下表）。

“工资”领域虚假诉讼的线索要素

<table>
<tr><th>线索研判的重点方面</th><th>可采取的研判路径</th></tr>
<tr><td>1. 原被告未签订劳动合同,不属于被告参保人员的</td><td rowspan="9">1. 通过中国裁判文书网和人民法院审判、执行信息平台查询当事人涉诉案件,了解当事人相关信息,并与同类案件进行类比分析,排查异常点。
2. 赴人社、供电供水、税务等部门查询当事人社保缴纳、企业参保人员名单、企业用电用水、纳税申报等信息,证实合理怀疑。
3. 赴银行调取工资发放明细、职工花名册等,对从中筛查出的关键证人进行询问。</td></tr>
<tr><td>2. 原被告不存在事实劳动关系的</td></tr>
<tr><td>3. 诉求未经申请劳动仲裁阶段或向有关部门投诉反映而直接进入诉讼程序的</td></tr>
<tr><td>4. 原告诉请的“工资”数额明显高于本地区同类人员的</td></tr>
<tr><td>5. 原被告之间可能存在其他债权债务关系或者经济往来的</td></tr>
<tr><td>6. 工资时限跨度过长,或者时限跨度内债务人生产经营实际已中止中断的</td></tr>
<tr><td>7. 除工资欠条外原告未提供其他能够证明劳动关系真实存在的证据的</td></tr>
<tr><td>8. 原告对工作时间、地点、工作内容、工作管理、工资标准、支付方式、社保缴纳等基本要素陈述模糊不清的</td></tr>
<tr><td>9. 需要关注的其他异常点</td></tr>
</table>

(二)多维度评判——调查核实办案模型

民事虚假诉讼的司法规制并非赋予检察官额外的自由裁量或者是缔造法律的权利,而是要求检察官“目光在法律规制和案件事实之间互相流转”[①]的同时,进退于司法中立和司法能动之间,将侦查意识导入虚假诉讼案件查办中。实践证明,在检察监督各环节中,调查核实是揭露虚假诉讼的关键。为最大限度还原客观真实,避免线索流失,应先行调取外围证据,再对证据进行分析论证,最后正面接触涉案当事人的工作思路,从五个维度全方位进行调查:

一是时间维度。调查所办案件有无其他关联诉讼。现实中,往往民事虚假诉讼发生会牵涉多个民事诉讼,比如企业作为债务人的,往往同时存在借款合同、追索劳动报酬、买卖合同欠款等民事纠纷,民事虚假诉讼常密集出现在债务人的财产被查封、冻结、保全、评估、拍卖等特殊阶段,债权人竞相通过诉讼参与财产分配乃至享受优先分配。

二是空间维度。通过中国裁判文书网检索案件当事人在异地有无关联诉讼情况,比如资不抵债的企业通过本地提起涉及优先受偿权的诉讼,以阻却异地起诉的债权人并获得胜诉的生效裁判的执行。如J县人民检察院办理的江苏某机械有限公司建设工程施工合同纠纷系列虚假诉讼案,该公司为达到规避异地法院判决其偿还债务的目的,与3家建筑商串通虚增200万元工程款骗取司法确认,导致其他债权人无法实现该部分的普通债权。

三是证据维度。虚假诉讼的特点决定了除书证外,当事人陈述、证人证言等证据对

---

① [德]K. English:《关于法律适用方法的经典之语》,转引自卡尔·拉伦茨:《法学方法论》,陈爱娥译,商务印书馆2003年版,第88页。

定案更具有决定性作用,需要在检察监督环节摒弃保守主义主动予以调查,重点是当事人询问。[①] 如 J 县人民检察院在办理徐某亭等 4 人与江苏某机电科技有限公司追索劳动报酬虚假诉讼案中,通过询问涉案"原告"本人、该公司人事部、生产部、销售部、办公室等部门负责人,查询社保缴纳信息等,确认原被告双方虚构劳动关系的关键事实。

四是诉讼过程维度。要将诉前或诉中是否申请财产保全、庭审有无诉辩对抗等情况与所办案件结合分析。例如,当事人主观上刻意追求无对抗的诉讼,诉讼过程将明显呈现立案快、结案快、执行快的"三快"特征。再如,J 县人民检察院办理的追索劳动报酬纠纷虚假诉讼案,都存在被告他案均缺席判决而本案却出庭应诉等异常,当日立案、当日调解,当日申请执行。又如,办理的倪某诉华某清民间借贷虚假诉讼案,双方恶意串通伪造借条提起诉讼并通过申请保全"被告"公积金阻却其他案件执行,华某清未出庭而是安排其弟华某果出庭作证证明借款真实发生,庭审中"原告"对资金来源、交易过程等原本亲历的细节描述含糊混乱,远不及证人陈述清晰,极不合常理。

五是社会背景维度。调查纠纷发生前后的金融政策及企业面临的现实困境往往会给审查带来启发和思考。如诉讼发生于经济下行压力,非公企业融资难和资产变现难的背景下,部分企业产生通过虚假诉讼规避债务、腾挪资金的动机。如 J 县人民检察院办理的 18 件虚假诉讼案件中,涉及面临融资难、资金变现难的非公企业的共有 13 件,占比高达 72.2%。

经过检察环节五维度调查核实和综合研判,增强了内心确信和进一步开展工作的思路。为弥补检察环节民事调查刚性不足,威慑力不够的短板,可通过商请公安机关协助寻找当事人下落、借用公安机关询问室及会同公安人员联合开展询问,以正面突破虚假诉讼关键涉案人员。

(三)实质化庭审——出庭抗诉办案模型

民事证据中的当事人陈述具有不稳定性和反复性,针对极为特殊的虚假诉讼案件出庭抗诉,检察人员如拘泥于普通民事抗诉的"规定流程"[②],则可能对当事人翻述等突发情况处置不力,不能适应以庭审为中心的诉讼制度改革的要求。并且,基层检察院自被赋予出庭抗诉权[③]以来,针对一审虚假诉讼案件抗诉出庭会成为基层民行监督的新常态。对此,围绕庭审实质化的要求,可尝试构建出庭效果保障办案模型(见图 2),具体包括以

---

① 用词上,日本民事诉讼法表述为当事人询问,我国台湾地区表述为当事人讯问。在我国,习惯上一般将讯问与询问加以区别,讯问是较为严厉、正当的方式,主要是在刑事诉讼中针对犯罪嫌疑人或被告人的审问,而询问是指一般的调查取证。

② 参见《人民检察院民事诉讼监督规则(试行)》第 96 条规定:"检察人员出席再审法庭的任务是:(一)宣读抗诉书;(二)对依职权调查的证据予以出示和说明。检察人员发现庭审活动违法的,应当待休庭或者庭审结束之后,以人民检察院的名义提出检察建议。"

③ 参见《人民检察院民事诉讼监督规则(试行)》第 95 条规定:"受理抗诉的人民法院将抗诉案件交下级人民法院再审的,提出抗诉的人民检察院可以指令再审人民法院的同级人民检察院派员出庭。"

下三个方面：

一是庭前准备。挑选具备丰富出庭经验的民行检察官出庭抗诉，充分考虑当事人可能翻述的情况，精心准备出庭意见和庭审预案，组织庭前模拟对抗演练，并与同级法院召开民事再审庭前会议，对证据、事实和争议焦点进行审前集中过滤，提高庭审的针对性和效率。

二是充分示证。检察人员围绕民事法律关系、诉讼标的是否存在等出示证据，强化证据合法性的证明。沉着应对当事人的翻述，结合案件证据情况、庭审预判和庭前模拟对抗情况予以反驳。如J县人民检察院在出席追索劳动报酬虚假诉讼案再审时，对"原告"补充提交劳动合同翻述存在劳动关系和欠薪事实的情况，通过逐步出示证据予以反驳，要求"原告"对一审未提交劳动合同的理由作出合理说明和对翻述事实进一步举证证明，并提请法庭对劳动合同形成时间进行鉴定，有效揭露了当事人翻述的矛盾与漏洞。

三是聚焦辩论。检察人员围绕抗诉机关、当事人在事实、证据方面的分歧焦点，运用事实证据和法律规定，客观公正地发表抗诉出庭意见，充分论证检察机关调查核实证据的客观真实性。创设法庭教育环节，对涉案当事人宣讲虚假诉讼相关法律法规，释明虚假陈述、伪造证据的法律后果，引导当事人恪守诚信、趋利避害，提升庭审综合效果。

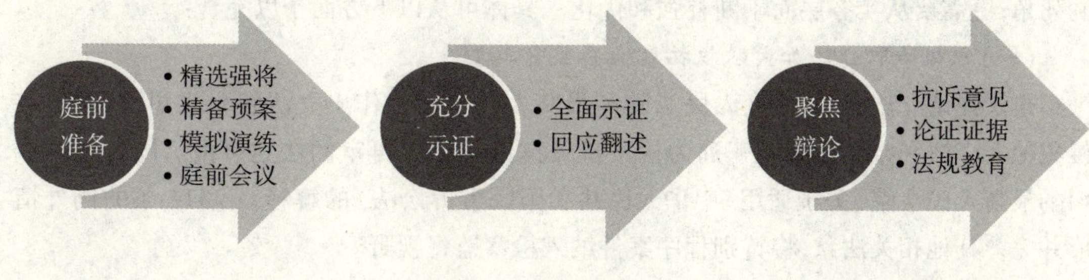

图2

二、民事虚假诉讼检察监督面临的困境

虽然检察环节"线索研判—调查核实—出庭抗诉"三阶层办案模型在监督虚假诉讼方面取得了一定效果，但该办案模型仅仅是技术层面的优化，不足以从根本上改变民事虚假诉讼检察监督面临的难题。现实中的困境主要有：

一是检察监督受到立法范围束缚。在已成为虚假诉讼"重灾区"的民事调解领域，将检察监督限定在侵害国家利益、社会公共利益的"两益"范围，一定程度上导致检察机关对虚假调解的监督权有名无实。[①] 此外，随着社会发展和诉讼经济化趋势，特别程序（如实现担保物权案件、公示催告案件、确认调解协议效力案件等）中虚假诉讼呈多发和上升

① 参见许志鹏：《虚假调解检察监督实务探讨》，载《人民检察》2014年第10期。

态势，受最高人民法院《关于适用〈中华人民共和国民事诉讼法〉的解释》第 414 条[①]限制，目前检察机关无法通过抗诉或建议再审进行监督，监督刚性不足。

二是检察案件线索发现缺乏后劲。目前，虚假诉讼检察监督职能的社会知晓度还不高，政法机关之间尚未实现信息互通共享，检察环节发现虚假诉讼案件线索比较困难，不少线索的发现具有偶然性。此外，检察人员主动自行发现线索的能力还有待提高。

三是检察环节调查核实制约颇多。首先，受“人难寻”和“无强制力”的困扰，调查核实难以全面深入，目前主要是借助其他政法机关力量且存在衔接配合及办案目标等诸多问题；其次，对众多当事人的询问以及取证周期长、任务重，基层院人员数量、办案力量严重不足；最后，调查核实技能和经验仍广泛缺乏，难以适应突破案件的需求。

除此之外，在案件启动再审后，民行队伍还面临着出庭论辩能力和经验欠缺的问题，人才储备、出庭频次、实训练兵和硬性要求不足，亦需引起重视。

三、检察监督三阶层办案模型的完善路径

结合办案模型的司法实践以及现实困境的分析研判，完善虚假诉讼检察监督“三阶层”办案模型需多管齐下综合施策，既需要通过完善立法使虚假诉讼检察监督权不留漏洞死角，更需要从实务层面不断补强和优化。具体可从以下方面予以完善：

（一）积极争取立法加大赋权拓展检察监督类型

建议提请立法机关、最高人民法院和最高人民检察院作出立法解释或司法解释，将侵犯他人合法利益的民事调解列为检察机关抗诉或建议再审的法定事由。同时进一步斟酌最高人民法院《关于适用〈中华人民共和国民事诉讼法〉的解释》第 414 条的例外情形并完善其他相关法条，将特别程序案件纳入检察监督视野。

（二）进一步完善和畅通案件线索来源

常态化加强民事虚假诉讼监督职能宣传，建立民事虚假诉讼线索举报奖励制度及专门举报机制，构建人民防线。依托政法大数据平台建设加快实现与同级法院审判业务平台相对接，便于及时发现民事虚假诉讼线索。同时，充分积聚全国检察机关一线办案智慧，建立针对不同类型、案由的民事虚假诉讼重点疑点要素的智库，提升自行发现线索的质效。

（三）着力提升民事调查核实质效

首先，要完善初查机制，着力强化“主导、协作、系统、规范、保密、克难”意识，针对每案制订调查核实方案，最大限度保持成案可能；其次，要强化内外协作，对内推行“检察

---

① 最高人民法院《关于适用〈中华人民共和国民事诉讼法〉的解释》（2014 年 12 月 18 日最高人民法院审判委员会第 1636 次会议通过，自 2015 年 2 月 4 日起施行）第 414 条规定：“人民检察院对已经发生法律效力的判决以及不予受理、驳回起诉的裁定依法提出抗诉的，人民法院应予受理，但适用特别程序、督促程序、公示催告程序、破产程序以及解除婚姻关系的判决、裁定等不适用审判监督程序的判决、裁定除外。”

官+司法警察”取证模式，对外重点强化与审判机关配合、公安机关刑事侦查的衔接以及行政机关调查取证的沟通，通过有效协作借力破题；最后，要抓好正面询问突破，合理选准突破口，及时固定证据，推动完整证据链的形成。

（四）不断优化提升民行队伍的结构和素能

一是要优化结构配强队伍。着力培养一批擅长针对民事虚假诉讼案件调查核实和出庭抗诉的专门性人才，尝试在地市范围内“一体化”统一调配使用。二是要提升调查核实能力。在加快推进民事虚假诉讼监督智能辅助办案平台建设的同时，采取典型案例分析、业务交流、庭审观摩等多种学习形式，提高民行干警调查核实能力。三是要提升出庭抗诉素能。建立民事抗诉出庭实训和考评机制，定期组织开展专项技能培训和业务实训，并将民事抗诉出庭履职情况纳入百庭考核等评议活动，形成制度化引领。

论检察机关行政公益诉讼诉前程序的完善路径

江苏省南通市人民检察院课题组*

摘要:检察机关提起行政公益诉讼诉前程序经历了制度提出、试点试行到写入法律的历程。从试点试行到正式实施,均取得了较为显著的效果,较好地发挥了督促行政机关规范履职、节约司法资源和对公权力制约、平衡、规范的效果。在看到成绩的同时,也要看到行政公益诉讼诉前程序作为一项新生事物,体系性和司法强制性等方面还需完善。检察机关提起行政公益诉讼诉前程序要从法律监督职能的角度出发,在程序建设、权力配置、机关之间的协调对接,以及评估制度等方面逐步完善,从而真正发挥行政公益诉讼诉前程序的制度意义。

关键词:行政公益诉讼　诉前程序　完善路径　第三方评估

检察机关提起行政公益诉讼制度中的诉前程序,充分彰显检察职能和公益救济,完善诉前程序,规范职权行使,是当前迫切需要解决的问题。

一、检察机关的法律监督职能是检察机关提起行政公益诉讼诉前程序的出发点

我国《宪法》第 134 条规定:"中华人民共和国人民检察院是国家的法律监督机关。"所以,与检察机关的公诉权能一样,检察机关提起行政公益诉讼同样是法律监督职能的展开和在不同领域的具体表现。而检察机关提起行政公益诉讼诉前程序一方面体现了检察机关法律监督权对行政权的监督,另一方面又通过司法程序实现对特定行政机关的

* 课题负责人:南通市人民检察院检委会专职委员陈学武;课题组成员:南通市人民检察院法律政策研究室主任张傲冬,第七检察部主任何玮,如东县人民检察院第六检察部检察员吴高飞。

合法规制。此外，作为正式诉讼的缓冲，该程序还留给了特定行政机关自我纠错、自我完善的空间，既能有效避免法院审判权对行政权的过度干涉，又能在一定程度上节约司法资源，可谓一举多得。然而，检察机关提起行政公益诉讼诉前程序，笔者认为，还需要遵守以下规则和秩序：

（一）贯彻始终的程序合法

检察机关提起行政公益诉讼诉前程序，其实是用程序法（《行政诉讼法》）的形式，督促特定行政机关正当履行法定职权，实际上是加重了检察建议对象的“负担”，还可能使检察建议对象面临被审判的风险。所以，为了使检察机关的这一职权合法、规范地行使，必须自始自终地遵循程序合法原则，即通过设置公开、透明、合理的法定程序，规范检察权对特定行政权的纠偏。

（二）有效监督而不干预具体行政行为

检察机关提起行政公益诉讼诉前程序的制度设计是为了合理延伸法律监督触角。作为司法机关和法律监督机关的检察院，办理行政公益诉讼案件更多的在于“检察建议、行政公益诉讼”互助的二元监督模式，检察机关程序性诉权、法院实体裁判权的制度创新，以及司法权对行政权监督的公正性保障和“弱”司法权的平衡中检察机关所发挥的职能和作用。[①] 检察机关提起行政公益诉讼诉前程序所要扮演的角色和承担的任务就是以司法的途径纠正和规范特定行政机关的行政行为，而不能直接去干预具体行政行为，否则就是越权。

（三）体现比例原则的事后监督

检察机关提起行政公益诉讼诉前程序要体现比例原则，即检察机关对行政行为实施法律监督应当具有必要性，主要针对涉及社会公共利益的重大行政违法或不作为，从而限制法律监督权对行政权的过度干涉。再者，由于《行政诉讼法》赋予检察机关提起行政公益诉讼的“生态环境和资源保护、食品药品安全、国有财产保护、国有土地使用权出让等领域”（以下简称“四类领域”）的行政监管专业性、技术性很强，所以检察机关不宜事中介入监督，以免造成对正常行政管理的干扰，影响正常的行政权运行秩序。所以，检察机关提起行政公益诉讼诉前程序，应当坚持事后监督的原则，只有实际发生行政违法的事实，检察机关才有必要对失范的行政行为开展法律监督。

二、行政公益诉讼诉前程序的体系化建设

（一）检察机关提起行政公益诉讼诉前程序相关环节的完善

1. 程序公开，加强公众参与度

检察机关办理的行政公益诉讼诉前程序案件，要定期向社会公开调查进度、审查决

---

① 参见张栋祥、柳砚涛：《检察机关参与行政公益诉讼的角色定位》，载《山东社会科学》2017 年第 11 期。

定和检察建议的内容以及特定行政机关的回复内容，公众有权向检察机关咨询该类案件的所处环节和工作进展。检察机关对于调查的具体过程和取证的具体细节，由于可能涉及国家秘密、公民私权以及产权保护等因素，可以不予公开。还要增设听取公众意见和要求的环节，明确利益相关的社会大众的具体要求，真正体现"公益"性。对于社会关注度高、舆论风险大以及可能引发群体性事件的案件，出现不宜信息公开的情况，要有规范性文件予以有效规制。

2. 设置必要的沟通预警机制

在检察机关提起行政公益诉讼诉前程序的任何环节，检察机关根据情况需要，经过检察长审批均可与特定行政机关的主要负责人或者分管领导沟通预警。这样的沟通预警可以通过面对面的方式进行座谈，但是需要形成书面记录，也可以一对一的方式进行，安排他人记录，并整理归档。沟通预警可以阐释检察建议的内容，也可以单独指出存在问题，提出法定要求，等等，总之，应当围绕具体环节，有针对性地确定沟通预警的内容，听取特定行政机关的解释，加强检察机关与特定行政机关的互动，从而更好地实现诉前程序的目的，真正发挥诉前程序作为"缓冲器"的作用，还要形成沟通预警纪要并报送特定行政机关的上级部门和同级党委、人大、政府和监察委。

3. 赋予检察机关与职能相配套的"准侦查权"等公权力，为检察触角的延伸提供制度保障

检察机关在行政公益诉讼案件立案之后，有权进行调查取证。调查取证的对象非常广泛，除了利益攸关的社会大众，还有侵犯公共利益行为的实施者和负有监管义务的行政机关责任人，其中可能隐含的犯罪线索不言自明。所以，如果检察机关真正要开展行政公益诉讼，势必要赋予其与职能相匹配的公权力。以调查取证为例，如果被调查人不配合或者做虚假陈述，提供虚假证明材料，检察机关如何有效应对？在民事诉讼中，律师取证时，被询问人有拒绝的权利，因为私权平等，鲜有位阶之别，而检察机关办理行政公益诉讼案件，很大程度上体现了社会本位优于个人本位，检察机关代表权益受侵害或者有受侵害风险的国家和社会公众，这一点和检察机关办理刑事公诉案件的出发点一致。所以，法律和规范性文件有足够的理由赋予检察机关在调查取证时具有一定强制性的公权力。在诉前程序中，检察机关根据案件需要，可以就有关情况及时与行政机关进行沟通，听取意见。笔者认为，这样的"跟进调查"沟通的对象在具体案件中远远不止涉案行政机关，还涉及公共利益关系人、相关的证人和鉴定机构等。如果检察机关在"跟进调查"的某个环节遇到人为设限，影响的就是行政公益诉讼案件诉前程序的整体效果，所以要赋予检察机关相应的职权，比如可以在诉前程序中赋予检察机关一定的"准侦查权"，即为了收集证据，通过严格的程序限制和时间限制，可以对相关事实展开侦查，不过这样的侦查，要在强制措施的运用上有着较刑事案件侦查更为严格的规制。这样才能为行政公益诉讼诉前程序工作的开展提供制度保障。

4. 彰显法治原则的律师参与诉前程序制度

检察机关提起行政公益诉讼诉前程序,律师的作用同样不可忽视。因为在法治社会中,律师制度是权利制约权力的重要组成部分。在行政公益诉讼诉前程序中,涉案行政机关可以聘请律师为其提供相关的法律咨询和帮助。比如,对于检察机关发出的检察建议,涉案行政机关可以对检察机关依据的法律条文、事实依据和证明标准是否正确等,通过正式的委托程序向律师咨询,在与检察机关沟通的过程中也可以委托律师与检察机关就相关法律适用问题交流意见等。不过,在此过程中,涉案行政机关要注重保密义务,即涉及国家秘密以及根据情况需要不便公开的相关资料,要慎重与律师交流,并做好相关的保密措施。

5. 增加听证和复议程序

由于检察机关提起行政公益诉讼诉前程序的价值应当实现检察机关、行政机关和审判机关制衡的公正。通过诉前程序的设置,合理地界分三者的权力界限,协调三者平等的权力地位,既促进检察机关法律监督职能的发挥,又能够确保监督行为与行政权、审判权行使相适应。① 并且,行政公益诉讼的启动,或多或少会给特定行政机关和该机关的领导、直接责任人等产生一定的压力和不利影响。所以检察机关提起行政公益诉讼诉前程序有必要增加相应的听证程序和复议程序(这里的“听证”和“复议”类似于行政法上的定义,只是参与主体不同)。所谓的听证程序,就是检察机关在发出检察建议前,有必要规范地听取行政机关、公益损害实施者、公益关乎者的辩解和意见、建议。所谓复议程序,就是特定行政机关对于检察机关发出的检察建议有异议的,在规定时间内向检察机关阐述事实和理由,并提供相应的证据,检察机关根据其提供的复议材料,结合进一步的工作,决定是否对其提起行政公益诉讼。为了使诉前程序达到更好的法律效果、社会效果和政治效果的统一,检察机关在组织听证程序和复议程序的时候,可以根据情况需要,以圆桌会议的形式邀请人大代表、政协委员参加,听取社会各界的意见,更加体现诉前程序的公益性。

(二)加强外部沟通协作机制建设,为检察机关提起行政公益诉讼诉前程序创造良好的发展环境

1. 建立健全检察机关与行政机关的沟通协作机制

检察机关要科学合理地与其他国家机关等加强互动、协作,实现信息交流、资源共享,与行政机关等建立健全畅通联系、互动协作的工作机制,为检察机关提起行政公益诉讼诉前程序各项工作的开展提供支持。由于检察机关的工作性质,检察机关办理行政公益诉讼案件的案源往往依赖于群众的举报、新闻媒体的报道等,检察机关直接发现案件的情况相对有限。检察机关要与该领域的行政监管机关建立信息报送渠道,定期获取该

① 参见张彬、张一博:《行政公益诉讼诉前程序基本理论探析》,载《人民检察》2017 年第 4 期。

类行政机关的工作信息,此外,还要建立“四类领域”的专门监督制度,设置专门的监督举报点,并且安排人员定期走访周边群众,形成生动、有效、现实化的法律监督,从而为检察机关提起行政公益诉讼诉前程序搜集丰富的准备材料。

2. 探索相关国家机关之间的协调对接机制,尤其是与监察委员会的资源互动

《监察法》第 11 条规定:“监察委员会依照本法和有关法律规定履行监督、调查、处置职责:(一)对公职人员开展廉政教育,对其依法履职、秉公用权、廉洁从政从业以及道德操守情况进行监督检查;(二)对涉嫌贪污贿赂、滥用职权、玩忽职守、权力寻租、利益输送、徇私舞弊以及浪费国家资财等职务违法和职务犯罪进行调查;(三)对违法的公职人员依法作出政务处分决定;对履行职责不力、失职失责的领导人员进行问责;对涉嫌职务犯罪的,将调查结果移送人民检察院依法审查、提起公诉;向监察对象所在单位提出监察建议。”这些监察范围与行政公益诉讼的涉案因素在很大程度上会有所交叉,因为“行政机关违法行使职权或者不作为”可能涉及公职人员的违法违纪甚至犯罪行为,这就要求检察机关在提起行政公益诉讼诉前程序时,要探索与相关国家机关的对接机制,尤其是与监察委员会的对接和资源互动。在此方面,笔者认为,要做到以下几点:一是将检察建议的主送、抄送制度化、常态化。这样才能扩大检察建议的影响力,检察机关得到各方面的反馈才会全面。二是在国家机关之间建立公益诉讼诉前程序的制度化保障机制。即要为检察机关完善畅通调查取证的渠道,避免出现各机关之间互相推诿的现象,比如在司法鉴定方面,当前涉及环境损害的种种鉴定,鉴定机构和鉴定费用往往让检察机关大费周章。三是尤其要加强与监察委员会的对接和资源互动。由于行政公益诉讼案件与公职人员的违法违纪往往存在千丝万缕的联系,“四类领域”的行政监管机关公职人员的违法违纪可能导致侵犯社会公共利益的案件产生,所以,检察机关在提起行政公益诉讼诉前程序时要与监察委员会积极对接,在向当事行政机关发出检察建议的同时,还要移送同级监察委员会备案,在不影响案件办理和保密的情况下,还可以向监察委员会提供调查取得的相关材料。

(三)合理借力,谋划完善的保障制度

1. 完善相关立法和司法解释,从源头上保障检察机关提起行政公益诉讼诉前程序的正当性和可操作性

尽管当前检察机关提起行政公益诉讼诉前程序有着明确的法律依据,但是还显得比较宏观化,在遇到具体问题的时候,往往显得捉襟见肘。仅就调查环节而言,在实际工作中,就遭遇过不少问题,比如某基层检察院民行部门负责人,就一公益诉讼案件,带领部门工作人员到某污染企业去调查,被企业主指使人员殴打致轻微伤,报警后,当地公安机关对民行部门负责人的行为是否属于“公务”存在争议,认为对该企业主不能以涉嫌妨害公务罪立案侦查。所以仅凭《行政诉讼法》的总括性规定,还难以为检察机关在办理该类案件的过程中提供事无巨细的支持,还要通过立法的形式予以不断细化。

比如，可以在《环境保护法》《食品安全法》等部门法领域，具体规定公益诉讼的范围、程序和责任，还可以通过对接《治安管理处罚法》的形式对检察机关提起行政公益诉讼诉前程序中的履职行为予以保护。此外，还要注重发挥司法解释的优势，对检察机关提起行政公益诉讼诉前程序提供相应的保障。对于司法实践中好的做法和典型案例，要及时通过指导性案例等方式予以推广，从而进一步保障该制度的正当性和可操作性。

2. 贯彻始终的移送、报备、定期公开制度

检察机关提起行政公益诉讼诉前程序虽然体现了检察机关的法律监督权对特定行政权的纠偏和规范，但现实情况是，检察权（包括整个司法权）相比行政权较弱是不争的事实。检察机关如果只靠单方面力量主动启动行政公益诉讼诉前程序，将面临很大的障碍：地方政府的经济建设、检察机关的各种考核、检察机关基础设施建设的资金支持、检察人员的行政级别调整等均会影响检察机关该项职能的发挥。所谓"阳光是最好的防腐剂，灯光是最好的警察"，检察机关办理行政公益诉讼诉前程序案件，在向特定行政机关发出检察建议的同时，还要抄送同级党委、人大、政府和监察委，并且要向上级检察机关备案。在此过程中，发现职务犯罪和其他犯罪线索的，更要以《案件线索移送函》的形式移送同级监察委和其他侦查机关，并向同级人大和上级监察委、上级其他侦查机关备案。此外，办案的检察机关还要通过主流媒体，第一时间将检察建议全文向社会公众公开，在收到行政机关的回复后，同样要通过主流媒体将回复的全文向社会大众公开。这样，既体现了公益性和公众参与性，又将公权力置之阳光下，完全符合该项制度设置的目的和演进模式。

3. 行政机关履职效果的第三方评估制度

笔者认为，虽然检察机关提起行政公益诉讼诉前程序的运行，在不少地方取得了很好的实际效果（所谓"横看成岭侧成峰"，不同的判断角度和评价标准，对同一事物会作出不同的评价，但至少依据当前的标准，运行效果较好）。比如，2018 年 1 月至 11 月全国检察机关共立案公益诉讼案件 89532 件，提起公益诉讼 2560 件，立案公益诉讼案件中，诉前程序案件占比为 96.84%，诉前程序行政机关整改率达 94.42% 。[①] 但是，不少该类案件行政执法的难度非常大，时间、空间跨度非常长，并非一次履职就能解决全部问题，需要长期跟踪，多次督促，不断提醒，适时提出惩戒建议。行政机关的一次或几次履职在某些情况下，离排除公益侵害的目标可谓相差甚远。由此可见，检察机关提起行政公益诉讼诉前程序的效果如何，并不能以是否收到特定行政机关的回复和该行政机关有无履职为标准。比较可行的办法是在这一诉讼制度中要引入权威的第三方评估制度（在生态环境

① 参见彭波：《检察公益诉讼发挥制度价值，督促依法履职，看护公共利益，凝聚治理合力》，载《人民日报》2019 年 2 月 28 日。

和资源保护领域尤为重要），由权威、中立的评估机构，出具评估报告，列明公益被侵害的程度、恢复原状需要的阶段和标准、步骤等，检察机关据此作为衡量特定行政机关履职成效的参考，从而才能更有效地跟踪调查。

检察机关行政公益保护的体系化构建

江苏省建湖县人民检察院课题组*

摘要:行政公益诉讼在实践层面需要厘清三个关系:诉讼与监督的关系、诉讼与问责的关系、诉讼与保护的关系。检察机关与行政机关在具体个案中既对立又统一,对立源于监督与被监督的角色定位,以及可能败诉而产生的问责,同时又在目标的一致性上形成统一。行政公益诉讼并不排斥监督与问责,更重要的是要在双赢、多赢、共赢理念下,以"托底保护者"的定位,构建公益保护的整体格局。

关键词:检察监督　行政机关　公益诉讼

从党的十八届四中全会提出建立检察机关提起公益诉讼制度,到2017年《民事诉讼法》《行政诉讼法》的修改,正式确立我国的检察公益诉讼制度,再到2018年《人民检察院组织法》的修改,将公益诉讼纳入检察职责范围。检察公益诉讼经历了从无到有、逐步成型的发展历程,检察机关正日益成为公共利益的"代言人"与"保护者",而其中行政公益诉讼又占据了绝对多数。从试点期间的数据看,行政公益诉讼案件量占同一时期案件总量的96.9%。[①] 而其中绝大多数为基层检察院办理的诉前程序。令人担忧的是,因为多数没有进入诉讼环节,不能排除有个别检察院与行政机关之间形成了非常规的协作关系,双方达成某种默契,选择性监督并通过检察建议与回函进行文来文往,虚增案件数据,甚至与被监督对象和间接监督对象进行利益上的交换。与此同时,还有少数基层检察院在监督中,与被建议、被诉讼的行政机关之间形成了紧张的对立关系,遭遇行政机关人为设置障碍、刻意放大分歧,双方相背而行,甚至动用行政力量干预司法。根据公开报

---

* 课题负责人:江苏省建湖县人民检察院党组书记、检察长胡立东;课题组成员:江苏省建湖县人民检察院副检察长胡军、姜艳,第五检察部主任王小刚,检察员袁红雨,检察官助理徐璐、陈艳娇。本文系2018年度江苏省盐城市人民检察院检察理论研究课题"检察机关行政公益保护的体系化构建"的部分研究成果。

① 参见徐日丹:《试点两年检察机关办理公益诉讼案件9053件》,载《检察日报》2017年7月1日。

道，江西省南丰县政府就曾发函当地检察院，建议撤销 8 宗占用林地案。[①] 上述问题的存在不同程度地影响了公益诉讼的实际效果，需要引起重视。

一、行政公益诉讼实践中需要把握的三个关系

一是诉讼与监督的关系。《行政诉讼法》对检察机关行政公益诉讼设置了实体性前提条件，即"生态环境和资源保护、食品药品安全、国有财产保护、国有土地使用权出让等领域负有监督管理职责的行政机关违法行使职权或者不作为，致使国家和社会公共利益受到侵害的"，由检察机关提出检察建议督促行政机关依法履行职责，只有行政机关不依法履行职责的，才进入诉讼程序。与民事公益诉讼相比，行政公益诉讼有更为浓厚的监督属性，旨在通过诉讼给行政机关赋加压力，督促其依法正确履职。从公益诉讼制度的程序设置来看，检察建议主要是检察机关对行政机关的法律监督方式，二者之间产生的是一种司法性质的宪法关系。[②] 诉前检察建议是公益诉讼的前置方式，提起诉讼只是督促行政机关履行检察建议内容的一种后置的辅助性手段，两者均是检察监督的手段，故而公益诉讼被视为法律监督的一种方式被纳入检察监督体系中，成为一项重要的检察职责。与一般的行政诉讼原告不同，作为公益诉讼起诉人，检察机关不应当，也无权在公益诉讼中放弃法律赋予的监督职责，做选择性或者协商式监督。如果检察机关发现公共利益受损，却囿于外部或自身原因而不予以监督，实质上是对公共利益的变相侵害。[③]

二是诉讼与问责的关系。通过建议与诉讼方式实施相对柔性的监督，与传统的行政化的、刚性监督模式相比，是国家治理方式现代化中的一项重要的制度创新，较好解决了监督者由谁来监督的问题，且在一定程度上化解了监督者与被监督对象之间的紧张关系，既实现监督目的，又最大限度减少监督障碍。但在实践中，检察公益诉讼又可能直接引发行政问责。例如，在 2006 年，国家食品药品监督管理总局就颁布了《行政执法案件败诉过错责任追究办法（试行）》，各地也相继建立了类似的行政诉讼案件败诉责任追究办法，包括行政公益诉讼在内的行政诉讼败诉将直接导致相关负责人被追究责任。由于对问责的担忧，在具体的公益诉讼案件中，部分被监督的行政机关对检察公益诉讼具有强烈的抵触情绪，拖延、拒绝，甚至是直接干预，影响了一些复杂历史遗留问题的整改。从公益诉讼的制度设计初衷看，其建议与诉讼的目的是"问题的整改"，而非"责任的追究"，是往前看，而非往后看，是以整改为目标的。笔者认为，公益诉讼和行政问责两者不应当存在必然的联系，后者也不应当成为前者的必然结果，应当具体问题具体分析，将过错作为问责的前提。

---

① 参见杜茂林：《政府建议检察院撤销占用林地案干预司法，县长检讨》，载《南方周末》2019 年 1 月 24 日。

② 参见张晋邦：《论检察建议的监督属性——以行政公益诉讼中行政机关执行检察建议为视角》，载《四川师范大学学报》（社会科学版）2018 年第 6 期。

③ 参见刘家璞、孔德雨：《检察机关提起公益诉讼的职能定位》，载《人民检察》2017 年第 19 期。

三是诉讼与保护的关系。尽管检察机关与行政机关在公益诉讼中存在视角的不同和认识的差异,但监督与被监督双方的核心立场是高度一致的,即最大限度地“维护国家和社会公共利益”,这既是行政执法的目标,也是检察公益诉讼的目标。公益诉讼并非也不应当单纯追求胜诉,而是以问题的整改为目标。但实践中,有少数检察干警更多是以“监督者”而非“保护者”的定位出现,人为割裂了诉讼与保护的内在关系,部分检察院与地方行政机关之间缺乏必要的配合、协作,甚至是互相封闭导致互相猜疑,未能较好在具体案件中阐释公益诉讼的目的和意义,导致公益保护的目标一致性在实践中并未得到较好体现,整体合力和“双赢、多赢、共赢”的局面也尚未全面形成。事实上,由于职务犯罪侦查权的剥离,检察机关在公益诉讼诉前程序中的调查核实,缺乏强制力保障,有赖行政机关的配合,且公益诉讼当中大量的鉴定、评估、审计等专业性工作也离不开行政机关的支持。

二、检察机关的公共利益“托底保护者”定位

在厘清上述关系后,我们可以清楚地认识到,检察机关是以建议和诉讼方式,从监督角度实施的公益保护主体,但非公益保护的唯一主体。任何公权力的设置与运行,归根结底都是为了保护公共利益免受现实的、可能的侵害。在我国,立法、行政、监察、司法共同构成了相对完整的公益保护体系,[①]而其中主要保护主体集中在行政机关执法部门和检察机关。行政执法机关具有政策性、专业性、及时性特点,实质上是保护国家和社会公益最便捷、最理想的方式,其也身处公益保护的第一线,而检察机关更多处于后置的监督地位,即行政机关不依法正确履职的,才可能面临公益诉讼。笔者认为,这种法律上的监督地位,实质上就是对公共利益的托底保护。事实上,检察机关长期以来也是作为公共利益的“托底保护者”而出现的。习近平总书记也曾有“检察官作为公共利益的代表,肩负着重要责任”的论断。

一是在理论上,没有利益就没有法律,法律是为保护利益而诞生的。在我国,全国人民代表大会将人民的诉求上升为法律,由检察机关监督法律的正确统一实施,其本质就是为了维护国家公共利益和个人合法权益,法律监督与公益保护之间存在内在的一致性。包括公诉权在内,也都是为了保护刑法所保护的法益,维护国家利益、公共财产和安全利益,故有“公诉权与公益诉讼原出一门”的说法。在多元化的公益保护主体中,检察机关突破了“利益冲突”的藩篱,使其完全有条件成为公共利益的代表,而对“行为”的监督以及创设“诉”的方式,无疑使检察机关成为最客观的权力体系,是公益保护中一支不可缺少的权威力量。

---

① 参见孙长柱、齐迹、郭朋:《检察机关提起行政公益诉讼基本原则与实践问题》,载《中国检察官》2018 年第 1 期(上)。

二是在制度上，法律赋予检察机关行政公益诉讼职责权限，设置了相应的诉前程序，即只有在行政机关不履行法定职责的情形下，检察机关才可以向人民法院提起诉讼，以中立的判决裁定，确定行政机关的行为违法并提出具体的履职要求。对人民法院的公益诉讼裁判，检察机关仍可以进行执行监督，以保证公共利益得到完全的修复。事实上，法院作出判决只是对公共利益的确定和宣示，行政机关对生效判决的履行才是公共利益的实现方式。[①] 可以说，检察机关实施的公益保护，不仅仅是拾遗补阙，更多的是一个长链条的、闭合性的必要保障。此外，上下一体、上命下从为公益保护提供了良好的制度保证，超然于地方和部门利益。这一点正是行政机关所欠缺的，当行政目标、行政效率与公共利益相互冲突时，其运行就可能伤害甚至牺牲公共利益。

三是在实践中，除了检察机关提起公益诉讼，《环境保护法》《消费者权益保护法》等相关法律法规也都设置了相应的公益诉讼条款，法律规定的有关社会公益组织提起公益诉讼。但客观上，我国的社会公益组织存在诸多先天缺陷致其能动性明显不足。民政部门数据显示，全国具备提起环境公益诉讼的社会组织有 700 家，但 3 年来，只有 25 家社会公益组织提起过环境公益诉讼。自 2015 年 1 月至 2017 年 6 月，社会组织提起的环境公益诉讼还不足 20%。[②] 可见，社会公益组织在公益诉讼中仅仅是承担了有益补充的作用。而检察机关除了在环境资源、食品药品、国有资产等领域行使公益诉讼职权外，长期以来还通过督促履职、督促起诉、支持起诉等方式推动相关主体共同保护公共利益。检察公益保护的范围涵盖了公共资源、公共安全和弱势群体保护等全方位多领域，呈现出较强的专业性和权威性，客观上承担了公益保护“托底保护”作用。

三、行政公益保护的体系化构建建议

一是与行政机关共建“公益保护者联盟”。公益保护是一项系统工程，牵涉经济、政治、社会、文化、环境等方方面面，需要各类国家治理主体和社会主体共同参加，而不是检察一家包打天下。[③] 从强化公益诉讼工作的视角，笔者认为，可以由检察机关牵头组建类似“公益保护者联盟”的组织，吸收包括自然资源、食品药品等综合执法机构，以及消费者协会等社会组织共同开展公益保护工作，通过相互之间的协作配合，形成一个整体去共同应对公益侵害现象，形成对共同利益的整体性保护，以缓解地方政府部门对公益诉讼的“过度反应”。相互之间的协作配合，主要体现在信息的共享上、资源的共用上，前者如相关线索的发现和移送，后者如相关调查技术手段的使用，通过相互配合协作、相互取长补短形成公益保护的整体合力，而非检察机关的单打独斗。

---

① 参见滕艳军：《行政公益诉讼问题研究——以 4 起败诉案件为切入点》，载《依法治国实践背景下的检察权运行——第十四届国家高级检察官论坛论文集》。

② 参见权敬：《社会组织如何发起公益诉讼》，载《慈善公益报》2018 年 3 月 19 日。

③ 张雪樵：《检察公益诉讼的智慧之门》，载《检察日报》2018 年 4 月 9 日。

二是杜绝"滥诉"倾向,扩大和优化诉前程序适用。提起诉讼是公益诉讼的保障而非目的,是保证检察机关的公益保护建议得到行政机关的重视和落实,进而保护国家和社会公共利益。因此,检察机关应当将重心放在诉前程序中,尽可能采用诉前程序实现公益保护目的,减少不必要的诉讼,甚至可以适当扩大制发检察建议的范围,探索在公共安全和文物保护等领域开展公益诉讼。但对诉前程序特别是制发检察建议有必要进行程序上的完善,例如,实践中少数检察机关为了提高案件数量,对同一行政机关一批一类违法行为分别制发检察建议,导致案件数量虚增,影响了检察建议的权威性,有必要明确对一类违法行为原则上只制发一份检察建议的要求,同时进一步优化检察建议的制发审批权限,提高质量而非增加数量。

三是加强与纪检监察机关的协作。行政公益诉讼与国家监察制度在价值目标上高度契合。[①] 纪检监察机关也是重要的公益保护主体,是通过监督行政机关公职人员依纪依法履职进而保护公共利益的最重要力量。检察机关需要在监督线索的发现与移送等问题上加强与纪检监察机关的协作,纪检监察机关在执纪执法中发现的公益损害线索应当及时移送检察机关,检察机关在公益保护中发现公职人员违纪违法行为,应当及时向纪检监察机关移送,进行廉洁性调查,从根本上减少因行政不作为、乱作为而产生的公益损害事件。对公职人员无正当理由拒不接受检察机关公益诉讼调查核实,拒不回复检察建议的,应当寻求从纪检监察角度给予相应的处置,并将检察建议执行效果纳入行政效能监察范围。对行政机关公益诉讼中败诉的问责,应当区别情形,听取检察机关意见建议并更多强调对过错责任的追究,以减少行政机关对公益诉讼的抵触心理,共同处理好在环境资源、食品药品等领域的历史遗留问题。

四是探索事前预防性的检察公益保护路径。民事公益诉讼以"发现损害社会公共利益的行为"为前提,行政公益诉讼则以"致使国家和社会公共利益受到侵害"为前提,即不仅仅要有损害公益的行为,而且要有损害公益的后果。由此可见,行政公益诉讼的标准是高于民事公益诉讼的。但无论是行为还是结果,均是事后监督型的,这也是公益诉讼权的边界之一。当然,为防止滥诉现象,现行《行政诉讼法》规定的所有诉讼事项均是以已经发生且造成损害后果作为起诉前提,是一种典型的事后救济制度。[②] 但是不是意味着不能开展预防性质的监督呢?答案应当是否定的。国家监察体制改革前,检察机关即同时承担了职务犯罪的侦查与预防任务。公益保护不仅仅是单纯的事后建议和诉讼,更应当包括事前的预防。通过有效的公益预防工作,避免出现损害行为和损害后果,这应是检察公益保护的题中之义。

---

① 参见贾永健:《中国检察机关提起公益诉讼模式重构论》,载《武汉大学学报》(哲学社会科学版)2018 年第 5 期。

② 参见王春业:《论检察机关提起"预防性"行政公益诉讼制度》,载《浙江社会科学》2018 年第 11 期。

五是拓宽检察公益保护的社会化方向。检察机关开展的公共利益保护，离不开公众的积极参与。检察机关需要来自社会的支持。“关门式”的检察建议和诉讼，虽然为检察机关和行政机关减少了来自社会的关注和压力，是安全的，但长此以往，将造成社会对检察公益诉讼的无知无感。如何在行政公益诉讼中发挥公众的作用，更好地实现行政公益诉讼的效果，是当下亟待解决的问题。[①] 目前，一些地方检察院建立了公益诉讼举报制度、公益损害观察员制度，等等，其目的就是增加社会的知晓度、参与度、支持度。这样的社会化方向无疑是正确的，但还需要系统化开展。笔者建议，参考原有检察机关职务犯罪举报宣传周制度，集中时间、集中资源向社会广泛宣传检察公益诉讼制度，并注重开展以案释法，通过对现有整改案件的前后比对，来提升公众对检察行政公益诉讼的兴趣。

六是引入公益诉讼监督机制。为避免公益诉讼沦为形式主义，真正取得建议和诉讼效果，笔者建议，在公益保护的体系化构建中引入公益诉讼监督机制。在内部监督中，如将人民监督员制度引入公益诉讼，由人民监督员定期对公益诉讼检察建议进行检查，重点监督建议质量、建议落实情况和提起诉讼情况。在外部监督中，建议明确检察建议必须向同级人大常委会备案，同级人大常委会定期跟踪落实情况，在将检察建议做到刚性、做成刚性的同时，保证检察建议质量，防止出现为增加案件数量而进行的虚假监督。此外，笔者认为，检察建议目前已经为立法所认可，即一项正式的检察法律文书，应当适时向社会公开，既可以为社会所监督，也可以扩大检察公益诉讼的社会知晓度。

① 参见崔瑜：《公益保护行政执法与公民诉讼的平衡》，载《国家检察官学院学报》2018 年第 6 期。

消费领域民事公益诉讼的路径探析

解晨曦　吕成兵*

摘要：从2012年《民事诉讼法》首次引入消费民事公益诉讼制度，到2016年5月最高人民法院《关于审理消费民事公益诉讼案件适用法律若干问题的解释》的出台，关于消费民事公益诉讼的立法在逐步完善。目前，消费民事公益诉讼中仍存在一些问题，需要在立足本土资源，借鉴域外成功经验的基础上，从明确起诉主体、扩大诉讼请求、健全诉前程序等方面加以完善。

关键词：消费民事公益诉讼　域外经验　制度构建

消费者权益的保护一直是当今世界普遍关注的课题，研究消费民事公益诉讼制度，一方面不仅能更好地保护消费者的权益，维护社会公共的利益；另一方面也能更深一层地推进我国民主法治的进程，实现司法公正的目标。本文主要从明晰消费民事公益诉讼的立法沿革和意义，剖析存在的问题，同时借鉴国外相关制度的基础上，完善我国消费民事公益诉讼制度。

一、消费民事公益诉讼的立法沿革

我国的消费民事公益诉讼，历史上要追溯到早期的代表人诉讼制度。1991年《民事诉讼法》正式确立代表人诉讼制度。在消费领域，若想通过选定诉讼代表人来对抗经营者，必须要由实体权利人提出诉讼或进行权利登记，程序较为烦琐。选定代表人后，在处分涉及当事人重大实体权利或程序权利时，代表人还应取得权利人的同意。代表人与权利人的利益难以平衡，诉讼缺乏动力，消费者的损失难以得到充分有效救济。

2012年修订的《民事诉讼法》中开始引入公益诉讼制度，但由于缺乏经验，对于公益

---

* 解晨曦，江苏省连云港市赣榆区人民检察院第一检察部检察官助理；吕成兵，江苏省连云港市赣榆区人民检察院第五检察部检察官助理。

诉讼只在第 55 条作了简单的原则性规定,起诉主体并不明确,诉讼范围也不确定,相关程序性事项更是没有提及。2013 年,《消费者权益保护法》弥补了《民事诉讼法》中公益诉讼起诉主体的缺失,赋予了省级以上消费者协会起诉主体资格,但缺乏明确的起诉范围。2015 年,最高人民法院《关于适用〈中华人民共和国民事诉讼法〉的解释》规定了消费民事公益诉讼受理条件、案件管辖、和解与调解、撤诉、重复起诉等问题。2016 年,最高人民法院《关于审理消费民事公益诉讼案件适用法律若干问题的解释》正式实施,消费民事公益诉讼的起诉主体、起诉范围以及相关的制度等方面都具有一定的突破。2017 年 6 月,《民事诉讼法》作出修改,规定了人民检察院在履行职责中发现食品药品安全领域侵害众多消费者合法权益损害社会公共利益的行为,在没有前款规定的机关和组织或者前款规定的机关和组织不提起诉讼的情况下,可以向人民法院提起诉讼。同时,明确相关机关或者组织提起公益诉讼的,人民检察院可以支持起诉。①

二、消费民事公益诉讼存在的问题

消费公益诉讼在实践中大多属于制止性诉讼,多以撤诉、调解、和解方式结束案件,②虽然也取得了相应的社会效果,但根据消费者协会网站的统计,2018 年,全国消费组织共受理消费者投诉案件 7762247 件,其中售后服务、产品质量、售后服务占投诉总量的 70% 以上,③这三种问题背后涉及的更多的是隐藏的消费者,甚至会有损社会公共利益,这也从侧面说明我国的消费民事公益诉讼仍存在各种问题亟待完善。通过对现有资料的整理归结,笔者总结如下消费民事公益诉讼制度存在的问题:

1. 诉前程序的缺失

近几年来消协所提起诉讼的消费侵权案件,多是在进入审判程序中,通过当事双方协调,最终达成协议,而由原告方撤诉而结案,如 2018 年 5 月江西消费者权益保护委员会诉某餐厅办理预付式消费卡关门后不退还预付款案。针对这种情况,若在诉讼开始前便先通过诉前程序加以解决的话,一方面可以节省因诉讼所要付出的大量时间,促使纠纷尽快解决;另一方面也可以节省司法资源。

2. 起诉主体范围过窄

除省级以上消协外,经过法律或人大授权的其他社会组织同样具有起诉主体的资格,但该社会组织应具有何种条件却未明确说明。从数量上看,根据中国消费者官网的

---

① 检察机关针对食品药品领域民事公益诉讼目前已在各地积极开展,本文将主要围绕其他消费领域民事公益诉讼相关工作进行论述。

② 参见庞丹丽:《赔偿性消费公益诉讼在广东"破题"》,载《消费者报道》2018 年第 4 期。

③ 中国消费者协会:《2018 年全国消协组织受投诉情况分析》,载 http://www.cca.org.cn/tsdh/detail/28383.html,最后访问日期:2019 年 5 月 16 日。

统计,我国目前的省级消协有31个,地级市有402个,县级市有2863个,[①]但具有起诉主体资格的消费者协会只有32个。在授权机关和社会组织不明确的前提下,32个消费者协会在面临日益上涨的消费侵权案件时往往显得捉襟见肘。从现实角度看,许多消费侵权案件呈现出区域性特征,仅仅将起诉主体资格局限在省级以上,消协无疑会在一定程度上加大省以下消费侵权案件的诉讼成本,不利于消费公益诉讼的开展。同时,消费者协会与具体的消费公益诉讼案件并无直接利害关系,在监督缺位的情况下,并不能够排除其在行使职权时存在懈怠的可能。

3. 诉讼请求类型不全面

当前我国消费民事公益诉讼中将诉讼请求的类型规定为“禁止之诉”,旨在制止侵害继续或防止侵害发生。但在当前的消费侵害中,企业经营者在损害消费者合法权益的同时,往往还会造成消费者身体、精神健康方面的损失,虽然针对后者消费者可以自己提起损害赔偿之诉,但小额分散的特点,意味着并非所有的消费者的权益都能得到有效恢复,尤其在食品安全领域这一点表现得尤为明显,如何扩大诉讼请求的范围是今后立法活动中不得不面对的一个问题。

三、消费民事公益诉讼的域外借鉴

国外各大法律体系中关于公益诉讼的形式主要有四种:一是团体诉讼,主要以德国等欧洲国家为代表;二是集团诉讼,主要以美国、加拿大为代表;三是示范诉讼,主要以德国为代表;四是检察机关提起民事公益诉讼,主要以巴西为代表。这四种公益诉讼形式同样被用于消费者权益保护领域,以维护不特定消费者的合法权益。

(一)关于诉前程序

诉前程序在一定程度上能够提高司法的效率,节约了司法资源,日本就将诉前调解程序明确规定在其《消费者合同法》中。我国当前所提起的消费公益诉讼的案件绝大部分是以诉讼当事人之间达成和解协议而原告方撤回起诉,那么是否可以在进入审判程序前就通过诉讼程序达成现在所需要的结果,域外经验值得思考和借鉴。

(二)关于起诉主体

消费团体诉讼中,为保证诉讼质量以及为防止滥诉的可能,各国往往通过对消费者团体诉权取得作出一些明确严格的限制。例如,荷兰《民法典》规定只有具有法人资格的团体才能提起消费团体诉讼;德国也明确规定消费团体诉讼的原告仅限于有权利能力的公益团体。同时,在一些国家,法律也赋予了检察机关在适格消费者协会怠于行使起诉权时以自己的名义提起公益诉讼,检察机关更多的是起到了监督诉讼的职能。如巴西检察机关根据其维护公共利益的宪法地位,对于涉及公共利益的案件行使监督权。

---

① 参见中国消费者协会官网:http://www.cca.org.cn/,最后访问日期:2019年5月16日。

(三)对于损害赔偿之诉的规定

通过参考域外关于损害赔偿之诉的限定性规定以及其社会效果,如德国的不当利益收缴之诉,可以发现,损害赔偿不仅在一定程度上弥补了消费者或整个消费团体的损失,也在一定程度上阻却经营者的违法行为,维护了潜在消费者的合法权益以及市场的合法秩序,是具有公益性的。当然如何确定赔偿金额、构建赔偿程序,还需要结合我国的司法实践。

四、我国消费领域民事公益诉讼的路径探析

(一)消费民事公益诉讼的起诉主体

与域外的消费团体诉讼相比,我国省级以上消费者协会是提起消费公益诉讼的主体之一。从性质上看,消费者协会是由政府牵头,是在政府的主导和支持下设立,与其他国家的消费者保护团体相比,具有很强的行政性,但不具有“官”的职能,但在庞大的消费者协会体系中,真正具有起诉主体资格的只有 32 个,在数量上并不能满足当前日益频发的消费侵权事件。

在今后的立法中,有必要明确社会公益组织的起诉主体资格。况且,在我国的环境民事公益诉讼中,早已经规定了社会组织可以提起环境民事公益诉讼,且对其资格也作了明确的界定。民间公益组织能够成为环境民事公益诉讼的主流力量,说明民间公益组织是具有能力的。对此,应该在立法中严格该规定社会组织的起诉主体资格,如社会公益组织的成立年限,在人员构成上,是否具有相关专业人员和法律人员,还需要经过相关部门的登记许可等。这样在一定程度上不仅能够分散省级以上消费者的诉讼负担,还为消费者的维权提供了一种新的路径。

此外,检察机关作为公益诉讼的起诉主体无论在司法实践还是在理论研究中一直被学界所支持,①其独特的自身优势使其比消费团体更具权威性。尤其是 2017 年 6 月修改后的《民事诉讼法》明确赋予检察机关可以对食品药品领域侵害多数消费者利益的行为独立提起民事公益诉讼。对此,结合当前实际需求,以及域外实践来看,有必要通过完善立法的形式进一步明确检察机关对所有消费领域提起民事公益诉讼的主体资格。

(二)损害赔偿之诉的引入

企业经营者的违法行为在损害消费者合法权益的同时往往也会造成公共利益的损害。对于个人财产的损失,法律将诉权赋予了受侵权人个人。同样,赋予消费者团体合理的损害赔偿的权利对于弥补公共利益的损失具有重要的作用。对于经营者的违法行为所造成的公共利益的直接损失,可以建立民事制裁金制度,一方面惩罚经营者的违法

---

① 参见刘学在:《民事公益诉讼原告资格解析》,载《国家检察官学院学报》2013 年第 2 期。

行为，另一方面也能起到相应的警示作用，同时该赔偿之诉的提出并不妨碍消费者个人提起损害赔偿。对于民事制裁金的计算，取决于经营者违法行为所获得的不当获利额，必要时还要参考其行为所带来的社会危害性。但是为了企业的经营发展，民事制裁金的金额不能超过企业的最大负荷值，这就与德国的收缴利润之诉相类似，不会妨害企业的经营。

损害赔偿制度的建立对于当前的中国，有着重要的现实意义。2018 年 5 月，广东省消费者委员会提起的三宗生产销售假盐公益诉讼在广州市中级人民法院进行一审判决，法院支持了广东省消委会的诉讼请求，判令被告支付惩罚性赔偿金、在省级媒体赔礼道歉等。其中，法院判令三案合共 8 名被告共需支付赔偿金 167480 元。这是新《消费者权益保护法》实施以后，消协组织关于公益诉讼的赔偿性请求首次获得法院支持。

（三）增设诉前程序

《消费者权益保护法》第 37 条第 4 款和第 5 款分别规定了消费者协会可以就消费者合法权益的问题，向有关部门反映、查询、提出建议；在受理消费者投诉时，可以对投诉事项进行调查和调解；最新的司法解释也规定了消费者协会在提起公益诉讼时应当提交已按上述规定履行公益性职责的证明材料。该款规定可以称得上是我国消费民事公益诉讼的前置程序，但对于经营者来说并没有威慑力，与日本等国家相比，该程序的功能并未发挥出来。

以立法形式规定适格消费者团体在提起消费者民事公益诉讼之前，应当先向经营者提出书面的停止侵害请求，以督促经营者进行改正或解决，只有经营者在合理期限内不予改正，消费者团体方可向法院提起诉讼。实践中，经营者为了维护企业形象或减少诉讼带来成本，都会根据消费者团体的建议进行改善，真正进入司法程序的其实并不多。最后，必须强制要求消费者组织将在诉前程序中所形成的建议以及经营者的回应和处理结果向社会进行公开，这样也可以对其他经营者起到一定的警示作用。

维护消费者权益并不一定要以诉讼方式，并且一旦进入诉讼程序，不仅要投入人力、物力，还要付诸大量的时间成本，寻求多种方式综合才是解决消费纠纷，保障消费者合法权益，规范市场经营的最佳手段。

图书在版编目(CIP)数据

检察研究. 2019年. 第2辑 / 江苏省人民检察院组织编写. -- 北京 : 法律出版社, 2019
ISBN 978-7-5197-3309-4

Ⅰ. ①检… Ⅱ. ①江… Ⅲ. ①检察机关-工作-中国-文集 Ⅳ. ①D926.3-53

中国版本图书馆CIP数据核字(2019)第054917号

《检察研究》2019年第2辑
《JIANCHA YANJIU》2019 NIAN DI 2 JI

江苏省人民检察院 组织编写

责任编辑 许 睿
装帧设计 李 瞻

编辑统筹 司法实务出版分社

出版 法律出版社
总发行 中国法律图书有限公司
经销 新华书店
印刷 永清县金鑫印刷有限公司
责任印制 胡晓雅

开本 787毫米×1092毫米 1/16
印张 7.5
字数 155千
版本 2019年6月第1版
印次 2019年6月第1次印刷

法律出版社/北京市丰台区莲花池西里7号(100073)
网址/www. lawpress. com. cn
投稿邮箱/info@ lawpress. com. cn
举报维权邮箱/jbwq@ lawpress. com. cn
销售热线/400-660-8393
咨询电话/010-63939796

中国法律图书有限公司/北京市丰台区莲花池西里7号(100073)
全国各地中法图分、子公司销售电话:
统一销售客服/400-660-8393/6393
第一法律书店/010-83938432/8433　西安分公司/029-85330678　重庆分公司/023-67453036
上海分公司/021-62071639/1636　深圳分公司/0755-83072995

书号:ISBN 978-7-5197-3309-4　定价:28.00元